LES ORIGINES

DE LA

QUESTION DU TONG-KIN

PAR

JEAN DUPUIS

EXPLORATEUR DU FLEUVE ROUGE

PARIS

AUGUSTIN CHALLAMEL, ÉDITEUR

17, RUE JACOB, 17

LIBRAIRIE MARITIME ET COLONIALE

1896

LES ORIGINES

DE LA

QUESTION DU TONG-KIN

PAR

JEAN DUPUIS

EXPLORATEUR DU FLEUVE ROUGE

PARIS

AUGUSTIN CHALLAMEL, ÉDITEUR

17, RUE JACOB, 17

LIBRAIRIE MARITIME ET COLONIALE

1896

LES ORIGINES

DE LA

QUESTION DU TONG-KIN

TYPOGRAPHIE FIRMIN-DIDOT ET Cie. — MESNIL (EURE).

LES ORIGINES

DE LA

QUESTION DU TONG-KIN

PAR

JEAN DUPUIS

EXPLORATEUR DU FLEUVE ROUGE

PARIS

AUGUSTIN CHALLAMEL, ÉDITEUR

LIBRAIRIE MARITIME ET COLONIALE

17, RUE JACOB, 17

1896

PRÉFACE

Voici près d'un quart de siècle que l'intervention française a remplacé au Tong-kïn mon initiative privée, et l'on pourrait croire que désormais le public n'a plus rien à apprendre sur les multiples événements dont ce pays a été le théâtre.

En dehors de mon journal de voyage et des mémoires que j'ai adressés au parlement et à la presse, en dehors des discussions parlementaires elles-mêmes qui ont eu un grand retentissement, beaucoup d'ouvrages ont été publiés sur cette question. Ces travaux furent d'autant plus nombreux qu'instinctivement la métropole, malgré les incertitudes du moment et les obscurités accumulées comme à plaisir par la lutte des partis, sentait bien qu'il s'agissait là de l'avenir d'une de nos plus belles colonies.

Enfin, au lendemain de notre occupation, la presse de l'Extrême-Orient a retenti, elle aussi, de l'histoire de la conquête du Tong-kïn.

Mais, malgré cela, on a si peu parlé des origines de la colonie, qu'elles sont restées dans l'ombre, et si nous entreprenons aujourd'hui cet ouvrage, c'est dans le seul but de les dégager des ténèbres qui les environnent. Les anciennes générations disparaissent; celles qui subsistent encore ont presque oublié ces commencements et les jeunes qui leur succèdent les ignorent tout à fait. L'heure est donc venue de rétablir, sous son véritable jour, la *genèse* de cette question, qui, si on ne l'éclairait, risquerait de tomber peu à peu dans le domaine de la légende, ainsi qu'il est arrivé pour d'autres questions, où la fable tient aujourd'hui plus de place que la réalité. Tel est le but que je poursuivrai dans ce travail, non pour satisfaire de vains calculs d'ambition personnelle, mais dans le pur intérêt de la vérité.

On le voit donc, je ne songe nullement à refaire ici l'histoire de notre colonie dans ces dernières années. Par conséquent, je n'ai pas à me prononcer sur la façon dont la conquête a été opérée. Je ne rechercherai pas davantage si les hommes, qui, depuis, ont présidé à ses destinées, sont toujours restés à la hauteur de leur mission. Encore une fois, je ne veux maintenant qu'exposer simplement ce que l'on a omis de raconter. Lorsque mon but aura été atteint, peut-être aurai-je donné à mes lecteurs la conviction qu'une intervention pacifique, jointe à un peu d'esprit de suite et de ténacité, eût suffi pour nous assurer les bénéfices de la colonie du Tong-kïn.

Dans cet ouvrage je n'ai pas voulu recourir seulement à mes notes et à mes souvenirs personnels; j'ai tenu à en appeler aussi à ceux de mon vieil ami Eugène Simon. C'est avec lui que j'ai conçu la première idée de relier les provinces Sud-Ouest du Céleste Empire avec nos possessions de l'Indo-Chine; c'est grâce à lui qu'en 1860 je suis resté en Chine, alors que je voulais retourner en Europe, et lui-même m'aurait accompagné dans mon expédition si plusieurs circonstances, indépendantes de sa volonté, ne l'en avaient empêché.

Jean Dupuis.

INTRODUCTION

I. Je fais connaissance avec Jean Dupuis à Chang-haï. J'écris de Chang-haï au ministère de l'Agriculture. — II. Nous partons avec l'expédition anglaise de l'amiral Hope. Sir Harry Parkes. Nankin. Arrivée à Han-kéou. — III. L'amiral remonte jusqu'au lac Tong-ting, puis retourne à Han-kéou et de Han-kéou à Chang-haï. — Séjour à Han-kéou. — Notre désir de relier la Cochinchine française aux provinces du sud-ouest ne fait que s'accroître. — Ma lettre au Ministère de l'Agriculture. — Je quitte Han-kéou en y laissant J. Dupuis. — IV. Ma lettre au ministre de l'Agriculture, datée de Pékin. — V. Mon voyage au Se-tchuen. — Je retrouve Jean Dupuis à Han-kéou. — Mon retour à Paris. — Je vais à Ning-pò en qualité de consul. — Je revois encore Jean Dupuis. — Sa position prospère.

I

Jean Dupuis, dont la biographie n'est plus à faire, — car pour cela d'autres m'ont devancé, — est un esprit entreprenant. Fils d'agriculteur, agriculteur lui-même, il se lança bientôt dans le commerce qui ouvrait devant lui des horizons plus vastes, offrant à ses espérances des moyens plus faciles de voyages, s'accordant mieux en un mot avec son caractère hardi.

C'est à Chang-haï que je le rencontrai pour la première fois; je fus assez heureux pour le décider à rester en Chine et à m'accompagner dans la mission qui m'avait été confiée par le gouvernement français.

A ce sujet, j'écrivais au ministre de l'Agriculture, à la date de janvier 1861, la lettre suivante :

Chang-haï, janvier 1861.

« Monsieur le Ministre,

. . . .

. . . .

« Il se prépare en ce moment, dans la marine anglaise, une expédition qui doit remonter le Yang-tsé-kiang jusqu'à Hankéou, dans le but d'ouvrir le fleuve au commerce, et aussi, dit-on, d'étudier la situation dans les provinces riveraines. On parle encore d'une mission, composée de deux officiers supérieurs de l'armée des Indes anglaises, le major Sarel (1) et le capitaine Blakiston, dont l'objectif est de traverser le Thibet, afin d'ouvrir des débouchés commerciaux entre la Chine et les Indes anglaises.

« Han-kéou est, d'après ce qu'écrit le Père Huc, une ville de 8.000.000 d'habitants et le point de transit de tout le commerce intérieur. Nos derniers traités autorisent le commerce étranger à s'y établir et, déjà, plusieurs maisons anglaises ont commandé aux États-Unis des bateaux à fond plat, capables de remonter le Yang-tsé en toute saison.

« Comme Han-kéou est au centre du Hou-pé, province extrêmement intéressante au point de vue agricole, je compte profiter de l'expédition anglaise, où j'espère que l'amiral Hope me donnera passage, pour m'y rendre. De là, j'aurai soin, Monsieur le Ministre, de transmettre à Votre Excellence tous les renseignements que je pourrai réunir, non seulement sur l'agriculture, mais aussi sur le commerce de cette ville importante.

(1) Le major Sarel reçut, peu de temps après, sa nomination de lieutenant-colonel.

« Un Français que j'ai rencontré, M. J. Dupuis, ancien négociant en Égypte et qui a suivi l'armée à Tien-tsin, s'étant offert à m'accompagner à ses frais, j'ai l'intention de me l'adjoindre afin de profiter de ses connaissances spéciales. J'espère obtenir pour lui, comme pour moi, un passage sur l'un des navires de l'expédition.

« Il serait bien désirable, pour l'accomplissement de ma mission, qu'après avoir complété mes études à Han-kéou, je puisse les poursuivre dans le Se-tchuen qui n'en est pas très éloigné et, de là, remonter vers le nord et retourner à Chang-haï en passant par Pékin. . . . .

« Veuillez agréer, etc. . . . .

« G. E. S. »

II

En effet, l'amiral Hope, qui commandait l'escadre anglaise, accueillit avec empressement la demande de passage que je lui adressai pour M. Dupuis et pour moi. Je suis heureux de cette occasion qui me permet de signaler ici la courtoisie avec laquelle il s'empressa de nous faciliter l'accomplissement de nos projets.

Il est encore un nom que la gratitude nous fait un devoir de ne pas oublier, c'est celui de sir Harry Parkes, l'un des négociateurs du traité de Pékin et qui, depuis, fut ministre plénipotentiaire. Il était chargé, sous les ordres de l'amiral, des négociations pour l'ouverture des différents ports. Nous aimons à nous rappeler que lorsque, mon ami et moi, nous nous sommes trouvés seuls Français à Han-kéou, où nous devions rester assez longtemps, sir Harry Parkes nous aida avec beaucoup de dévouement à nous installer dans cette ville.

Nous arrivâmes avec l'escadre le 24 février à Nankin, où il fallut s'arrêter pour obtenir du chef des rebelles le libre passage des navires. C'est là, pendant notre séjour, que quelques-uns d'entre nous, et nous étions du nombre, eurent l'occasion de voir le fameux missionnaire protestant américain Roberts, l'un des principaux *auxiliaires* de la rébellion des Taï-pings. Je dois dire qu'il nous parut extrêmement grotesque.

Nous arrivâmes avec l'escadre anglaise le 11 mars 1861 à Han-kéou. L'amiral Hope, après avoir présenté la mission scientifique anglaise au vice-roi, nous recommanda d'une manière toute spéciale M. Dupuis et moi.

III

Le 13, l'amiral remontait avec une canonnière jusqu'au lac Tong-ting, à 150 milles au-dessus d'Han-kéou. Il avait avec lui la mission hydrographique et il remorquait la jonque portant la mission Sarel et Blakiston, accompagnée d'un mandarin avec une escorte donnée par le vice-roi. La mission scientifique, devant aller jusqu'à I-tchang, profita de l'occasion qui s'offrait à elle pour effectuer une bonne partie de sa route et quitta l'amiral au lac Tong-ting.

Celui-ci, de retour à Han-kéou, s'y arrêta peu et redescendit presque aussitôt à Chang-haï. Il ne restait donc dans la ville que la canonnière *l'Havoc*, dont le commandant remplissait par intérim les fonctions de consul, en attendant l'arrivée du titulaire.

Quant à nous, demeurés aussi à Hankéou, il nous fut impossible de profiter de l'installation à terre que sir Harry Parkes nous avait procurée avec tant d'obligeance. La ville était profondément troublée par les rebelles; le peuple la désertait et les campagnes elles-mêmes étaient abandonnées. Il nous sembla imprudent de vivre isolés, et il nous parut plus sûr de louer une jonque et d'y résider à l'abri de la canonnière. Nous suivions d'ailleurs en cela le conseil du commandant de l'*Havoc*. Il restait cependant quelques paysans dans les environs, et c'est au milieu de ce désordre général que nous prîmes nos premiers renseignements agronomiques et commerciaux; nous pûmes même réunir un assez grand nombre d'échantillons que j'envoyai bientôt au ministère de l'Agriculture.

Enfin, peu à peu, les rebelles, chassés par les inondations, quittèrent la place, et le commerce fut rétabli.

Au milieu de nos occupations respectives, nous étions sans cesse hantés par une idée commune, idée que nous avions eue dès les premiers moments qui avaient suivi notre départ de Chang-haï. Pourquoi, nous demandions-nous, ne chercherions-nous pas à relier la Cochinchine, récemment conquise par la France, avec les provinces sud-ouest de la Chine? Les richesses de ces dernières nous étaient tous les jours dévoilées par les échantillons que nous en recevions, comme par le récit de ceux qui les avaient vues et qui passaient par Han-kéou. Déjà, l'Angleterre pensait à en tirer quelque avantage; mais il ne lui était pas si facile, à elle, d'ouvrir une voie par ses colonies des Indes, qu'à nous, d'en trouver une autre par nos possessions de l'Indo-Chine. Alors quelles raisons avions-nous de ne pas essayer ce que la Grande-Bretagne tentait elle-même avec de moindres chances de succès?

Cette question devint pour nous une véritable obsession pendant notre séjour au milieu du fleuve et, sans jamais faire connaître notre projet, nous cherchions à tirer des missionnaires ou autres voyageurs tous les renseignements qu'ils pouvaient fournir.

Sur ces entrefaites, nous vîmes revenir la mission Sarel et Blakiston, qui, ayant été arrêtée par l'insurrection sur les frontières du Se-tchuen, fut forcée de retourner sur ses pas. Cependant, cet échec de la mission, loin de nous décourager, ne fit que nous confirmer dans cette idée qu'il était plus simple de gagner Saïgon qu'un port des possessions anglaises de l'Inde. Mais l'heure de réaliser ce projet n'était encore venue, ni pour Jean Dupuis ni pour moi, qui devais en obtenir l'autorisation du gouvernement.

En attendant, je ne crois pas inutile de donner quelques extraits des notes fort délabrées que je retrouve dans mes papiers de cette époque. Voici donc ce que j'envoyai en France, vers la fin du mois de juin ou le commencement du mois de juillet 1861 :

Han-kéou. 1861

« Monsieur le Ministre,

. . . .

. . . . « Dans un rapport, que j'ai eu l'honneur d'adresser à Votre Excellence au mois de janvier dernier, je lui annonçais le prochain départ d'une mission anglaise, chargée de traverser le Se-tchuen et d'ouvrir une voie, par les Indes, au commerce anglais. Le pays étant infesté de rebelles, ceux-ci ont arrêté la mission sur les frontières du Se-tchuen. Elle a donc été obligée de retourner sur ses pas, et nous venons de la voir passer à Han-kéou.

« Aujourd'hui, Monsieur le Ministre, j'ai l'honneur de proposer à Votre Excellence de refaire avec M. Dupuis, au profit de notre Cochinchine, la tentative avortée du lieutenant-colonel Sarel et du major Blakiston.

« En effet, Monsieur le Ministre, ce projet n'a pas cessé de nous préoccuper depuis les premières heures de notre passage à bord du *Cooper*, et nous avons profité de notre séjour à Han-kéou pour recueillir un certain nombre de renseignements qui ne font que nous donner plus d'espoir. D'abord, il ne serait pas indispensable de traverser le Thibet ni la partie du Se-tchuen occupée par les rebelles. Il nous suffirait de gagner, par le Kouy-tchéou et le Yûn-nân, un des fleuves qui descendent vers la mer. Cependant, dans le Yûn-nân, il existe aussi une rébellion musulmane mais qui est en bons termes avec les catholiques, et, en supposant que nous soyons obligés d'avoir des rapports avec elle, nos missionnaires nous les faciliteraient. Ensuite, nous n'aurions pas besoin des engins, tels que canots à vapeur démontables, que les Anglais ont cru utiles.

« Ce nouvel itinéraire demanderait donc beaucoup moins de temps et de dépenses ; aussi, j'espère, Monsieur le Ministre, que les sommes que vous voudrez bien mettre à ma disposition, jointes aux ressources personnelles de M. Dupuis, suffiront pour couvrir les frais nécessités par la réalisation de ce projet.

« Tout ce qui précède résulte des renseignements, dont j'ai l'honneur d'envoyer, ci-joint, une copie à Votre Excellence.

« Mais comme, d'une part, le moment n'est pas encore venu d'accomplir ces desseins ; que, d'autre part, vu l'état de trouble dans lequel se trouve le Se-tchuen, je ne peux y aller maintenant, et qu'enfin mes études sont presque terminées dans la Chine Centrale, j'ai l'honneur d'informer Votre Excellence que je compte quitter bientôt Hankéou pour me rendre à Chang-haï. De là, je me dirigerai sur un autre point de l'extrême-Orient pour y continuer mes recherches.....

« Veuillez agréer, Monsieur le Ministre... etc...

« G. E. S. »

IV

Ce fut seulement l'année suivante que je pus aller dans les provinces du nord, en passant par Pékin où je m'arrêtai quelque temps. De cette ville, j'écrivis une nouvelle lettre au Ministre, toujours à propos du projet qui nous intéressait tant. La voici, en partie :

Pékin. 1862

« Monsieur le Ministre,

. . . .

« . . . . Dans plusieurs de mes rapports, j'ai eu l'honneur de parler à Votre Excellence de l'immense commerce dont les provinces occidentales de la Chine sont le foyer, des produits de toutes natures qu'elles livrent chaque année à la consommation, de la quantité considérable de soie de chêne et de mûrier que l'on y recueille... etc., et, d'ailleurs, Votre Excellence sait que la province du Se-tchuen peut être considérée comme la seconde de l'empire Chinois sous le rapport de la population et de la richesse. Celle du Kouy-tchéou, sans être aussi peuplée ni aussi fertile, n'est cependant pas relativement beaucoup moins riche, à cause de la nature de ses produits. Celle du Yûn-nân, qui est réputée comme une des plus stériles, renferme pourtant de grandes richesses agricoles et minérales : or, argent, étain, cuivre, etc...

« Quoi qu'il en soit, la population de ces provinces ne pourrait être évaluée à moins de 70 ou 80 millions d'habitants, qui font des produits européens une certaine consommation.

« Mais il est évident que, s'il y avait entre elles et la mer une voie de communication plus courte et plus facile que celle qui vient d'être ouverte par Han-kéou et le Yang-tsé-kiang, ce trafic prendrait des proportions dont il est peu aisé de calculer l'importance. Ce sont ces idées qui nous préoccupaient, M. Dupuis et moi, et que j'ai eu l'honneur de soumettre à Votre Excellence dans ma lettre de Han-kéou, en date de juillet 1861.

« A *la légation de France,* d'où j'ai l'honneur de vous écrire en ce moment et où je reçois la plus aimable hospitalité, j'ai eu le plaisir de rencontrer deux missionnaires fort intelligents, Monseigneur Thomines des Masures, évêque du Thibet, et M. l'abbé Mihière, pro-vicaire apostolique du Kouy-

Tchéou, qui avait bien voulu m'accompagner comme interprète dans mon voyage en Mongolie.

« Les renseignements que j'ai pu en obtenir ne devaient pas toujours être très conformes à l'itinéraire dont je parlais à Votre Excellence dans ma lettre de Han-kéou, puisque, si M. l'abbé Mihière habite bien le Kouy-tchéou par lequel je me proposais de passer, Monseigneur Thomines des Masures habite les confins extrêmes de la Chine et du Thibet. Mais, comme tout ce qui se rapportait à nos projets de voyage n'avait jamais cessé de m'intéresser et que je devais, en tous cas, aux termes de ma mission, me rendre au Se-tchuen, d'où on pouvait descendre vers la Cochinchine, j'ai tenu à recueillir les renseignements qu'ils m'ont donnés. Je les place ici sous les yeux de Votre Excellence, afin qu'elle constate que, soit par une route, soit par une autre, rien n'est absolument impossible et que l'échec de la mission anglaise, ainsi que j'avais l'honneur de l'écrire à Votre Excellence en 1861, n'est pas fait pour nous décourager. . . . .

. . . .

« Aucune des cartes que l'on connaît ne présente, je crois, exactement ou en entier, le cours du fleuve de Cochinchine.

« La carte de l'Asie Orientale et des États de l'Indo-Chine, publiée par Andriveau-Goujon, en donne bien l'embouchure par 10° de latitude septentrionale ; mais elle n'en place les sources qu'à 27° ou 28°, ce qui n'est pas conforme à la réalité.

« Celles de la Chine et de l'Asie centrale (feuille sud-est), par Klaproth, en donnent aussi exactement que possible le cours supérieur jusqu'à 33° ou 34°, mais elles s'arrêtent à 22°.

« Il est donc nécessaire d'avoir sous les yeux ces différentes cartes ou, du moins, celle de l'Asie orientale et celle de la Chine.

« Si l'on remonte alors le cours du fleuve de Cochinchine, à partir de son embouchure, on le voit traverser, sous le nom de Mékong, d'abord le royaume d'Annam du 10° au 17° degré environ, où il entre dans le royaume de Xien-maï, qu'il parcourt du sud au nord jusqu'à 22°. De 22° à 27°50, il traverse toute la province du Yûn-nân, sous le nom de Lan-tsan-kiang, puis il entre dans le Thibet qu'il parcourt en se dirigeant un peu à l'ouest vers le 34° degré.

« Il rencontre un nombre considérable de rivières, dont il reçoit les eaux, et, surtout à partir de 25° et de 27°, il coule entre deux immenses fleuves, auxquels il serait peut-être facile de le relier au moyen d'une route. Il n'en est éloigné que de quelques lieues, et les montagnes qui l'en séparent présentent des affaissements dont on pourrait profiter. Je veux parler du Hou-kiang ou Lou-kiang, qui débouche dans le Martaban, et du Yang-tsé-kiang ou Kin-tsé-kiang, qui limite au nord les provinces du Yûn-nân et du Se-tchuen et conduit à Han-kéou et à Chang-haï les produits d'une partie du Thibet et des provinces occidentales de la Chine.

« La carte de l'Asie orientale d'Andriveau-Goujon, en réunissant en une seule, vers 17°, les deux lignes qui indiquent les bords du fleuve de Cochinchine ou Lan-tsan-kiang (Mékong ou Song-kiang) donnerait à croire qu'au-dessus de ce point la navigation a été reconnue impossible; mais la carte de Chine de Klaproth la conduit jusqu'à 25°, et Monseigneur Thomines croit que cette impossibilité n'est bien certaine qu'à partir de Bounga. Au-dessus, et jusqu'à 31°, on lui a dit que dans plusieurs endroits, où on a pu le voir, il était large et profond, mais très rapide. Il est bien entendu que ces indications de navigabilité ne sont relatives qu'aux petits navires européens, calant de 4 à 5 pieds d'eau, que l'on pourrait envoyer. Quant aux barques très rares dont on use dans le pays, ce ne sont que des pirogues faites d'un seul tronc d'arbre à la manière des noirs, ou en peaux de bœufs et quasi rondes. Ce n'est que par une exploration que l'on pourrait acquérir des certitudes sur cette question.

« Mais, jusque-là, il y a donc de très grandes probabilités que le fleuve de Cochinchine est navigable, au moins pour des jonques chinoises, jusqu'à la hauteur où il serait possible de correspondre avec le Yang-tsé-kiang, c'est-à-dire jusqu'à Ta-tchin, situé à 27° 50′ sur les frontières du Yûnnân et des districts thibétains nouvellement annexés à la province du Se-tchuen. C'est à cette hauteur que se trouve précisément l'affaissement de montagnes dont je viens de parler. Les bords du fleuve sont habités par des populations extrêmement variées, dont il sera nécessaire de dire quelques mots tout à l'heure au point de vue de leur état politique et moral, et que les renseignements représentent, en partie, comme livrées à l'agriculture et au commerce et en relations avec la Birmanie, relations que le temps ne pourra que développer.

« Il faut ajouter que la chaîne de montagnes, qui est entre le Lan-tsan-kiang ou fleuve de Cochinchine, et le Hou ou Lou-kiang, est pleine, surtout entre 26° et 29°, de mines fort abondantes d'argent, de cuivre, d'or et de fer. L'or y est si commun, qu'il n'est pas rare de rencontrer, à Lhassa, des femmes couvertes de bijoux qui représenteraient en Europe une valeur de 30 à 40.000 fr. Les montagnes du Yûn-nân fournissent aussi à la joaillerie une quantité considérable de pierres précieuses, dont le marché, considéré par ceux qui l'ont vu comme un des plus importants du monde, est à Tali-fou, dans le Yûn-nân. Un autre marché considérable, et situé dans la même province, à peu de distance du fleuve de Cochinchine, est celui des excellents thés du Yûn-nân, établi à Pou-eul.

« Mais ces circonstances ne sont que secondaires. Si l'on compare la route, que doivent faire actuellement les produits échangés entre l'Europe et l'ouest de la Chine, et le temps qu'elle exige; si l'on considère, qu'en outre, la route actuelle ne saurait être praticable pour les bateaux à vapeur que de la mer jusqu'à l'entrée de la province du Se-tchuen, et qu'à partir de là elle devient impossible, soit à cause des chutes et des rapides, soit à cause des peuplades insoumises et pillardes qui habitent en certains points les rives du Yang-tsé-kiang, comme par exemple entre Sui-tcheou et Tong-tchuang, et qui ont engagé le gouvernement chinois à interdire absolument la navigation de ces rives, il n'est pas douteux que le commerce se ferait bientôt par Saïgon et que Saïgon deviendrait, non seulement le chef-lieu d'une navigation prospère, mais un des principaux entrepôts du monde. . . . . . .

. . . .

« On rencontre dans le Yûn-nân, après les Chinois impériaux, les Chinois musulmans, les Li-tsou, les Lou-tse et les Mo-tse.

« Les Chinois impériaux forment encore les populations les plus nombreuses du Yûn-nân; mais, par suite de la faiblesse des gouvernants et de leurs moyens d'action, qui se manifeste là comme sur beaucoup d'autres points de la province, ils ont dû abandonner la lisière ouest et nord jusqu'à Li-kiang.

« Le parti musulman, qui ne compte guère que 2 ou 3.000.000 d'individus, occupe cette lisière conjointement avec les Lou-tse, les Li-tse et les Mo-tse. Il est en progrès très évident. Les musulmans sont guerriers, agriculteurs et commerçants. M. l'abbé Mihière a pu observer qu'ils étaient plus favorablement disposés pour les chrétiens que pour les Chinois. Dans quelques sacs de ville, récemment faits par eux, les chrétiens ont seuls été épargnés, et il n'a pas dépendu de leurs instances que Monseigneur Chauveau, vicaire apostolique du Yûn-nân, ne soit resté dans la ville qui était sa résidence et qu'ils ont prise aux Impériaux.

« Les Li-tsou ne comptent que quelques milliers d'individus; ils habitent sur les bords du Lan-tsang-kiang. C'est un petit peuple barbare, demi-pasteur, demi-brigand et fort cruel.

« Les Lou-tse et les Mo-tse sont encore moins nombreux que les Li-tsou; leurs vêtements se réduisent à un pagne, qu'ils roulent autour de la ceinture comme les noirs pauvres de l'Afrique. Leur caractère est doux. On remarque même chez les Mo-tse un certain degré de civilisation. Tous deux sont pasteurs.

« Si Votre Excellence approuvait les vues que je viens d'avoir l'honneur de lui soumettre et croyait devoir communiquer ce projet au gouvernement de Sa Majesté, et qu'il plût à celui-ci d'y donner quelque suite, il conviendrait, je crois, avant toute autre démarche, de nommer une commission d'études pour examiner d'une façon bien définitive :

« 1° La navigabilité du fleuve de Cochinchine, dans les environs du point désigné comme devant être celui de sa jonction avec le Yan-tsé-Kiang, ou bien la préférence qu'il pourrait y avoir lieu de donner à un autre point ;

« 2° Le mode de jonction qu'il conviendrait d'établir, route ou canal :

« 3° La situation commerciale et politique du pays.

« Parmi les personnes qui la composeraient, je me permettrais, Monsieur le Ministre, de vous proposer M. l'abbé Mihière et M. Jean Dupuis.

Quant à moi, puisque les conditions de mes études en Chine m'obligent à aller au Se-tchuen, il me serait très facile de me joindre à cette mission.

« Celle-ci devrait se rendre à Ta-tching ; ou, si quelque circonstance lui en rendait le séjour impossible, à Bounga, qui n'en est pas très éloigné et qui est le siège d'une chrétienté dépendant des Missions Étrangères. Bounga est une localité où les Européens seraient sûrs de n'être pas tracassés et où la mission catholique n'est pas sans influence.

. . . .

« Je termine, Monsieur le Ministre, en faisant connaître à Votre Excellence que mon intention est de partir de Pékin à la fin du mois d'avril. J'oserais, en conséquence, la prier de vouloir bien, si elle croyait devoir modifier ou ajourner le projet qui est le sujet de cette lettre, me répondre de façon à ce que ses ordres puissent m'arriver par le dernier courrier du mois de mars ou le premier du mois d'avril.

« Veuillez agréer, Monsieur le Ministre... etc...

« G. E. S. (1). »

(1) Cette lettre demeura sans réponse, et on se borna à me dire verbalement au ministère de l'Agriculture qu'elle avait été envoyée au ministère de la Marine et des Colonies et, de là, probablement transmise au gouvernement de la Cochinchine. Si cela fut fait, on peut supposer qu'elle n'a pas été étrangère à la mission dont M. de Lagrée fut le chef et qui eut lieu en juin 1866. Seulement, M. de Lagrée est

V

N'ayant reçu, ainsi que je viens de le dire dans la note ci-dessous, aucune instruction au sujet du projet dont je parle dans cette lettre, j'allai bien au Se-tchuen l'année suivante (1863), ce qui me procura le plaisir de revoir mon ami Dupuis en passant à Han-kéou. Je ne pus que lui faire part des renseignements que j'avais obtenus; d'ailleurs, il en possédait déjà plus que moi, et il était en relations avec quelques-uns des plus hauts fonctionnaires des provinces

parti de l'embouchure du Mé-Kong, ce qui explique les difficultés qu'il rencontra et l'épuisement assez rapide des ressources, d'ailleurs trop faibles, que l'on avait mises à sa disposition. On sait, en effet, qu'il dut emprunter une somme de 15 à 20.000 fr. environ aux mandarins du Yûn-nân, qui la lui prêtèrent sans en demander de reçu, mais que M. de Lagrée ne voulut pas accepter sans conditions de remboursement. Ce remboursement devait se faire en armes et munitions. Plus tard, après la mort de M. de Lagrée, M. F. Garnier, devenu le chef de la mission, décida qu'il aurait lieu immédiatement et en argent. La somme fut remise aux missionnaires du Se-tchuen; ceux-ci, à leur tour, en chargèrent un chrétien du Yûn-nân qu'on ne revit plus, et le remboursement n'a jamais été fait.

de l'ouest et du nord. Je vis bien alors qu'il pourrait un jour accomplir notre projet sans moi.

Je bornai donc mes études au Se-tchuen, aux seules questions agronomiques; mais, souvent, j'eus du regret de ne pouvoir donner suite à mes desseins.

Quoi qu'il en soit, vers le milieu de 1864, j'étais en France et, au commencement de 1865, j'en repartais, désigné par Son Excellence M. Drouyn de Lhuys, pour occuper le poste de consul à Ning-po. Là, il me fut donné de revoir encore une fois Jean Dupuis, qui était à cette heure en pleine prospérité et d'autant plus près du but, qu'il n'avait jamais cessé de poursuivre, c'est-à-dire la recherche d'une route devant relier nos possessions de l'Annam avec les provinces occidentales de la Chine.

G.-Eug. Simon,

Ancien consul de France en Chine.
Auteur de *la Cité Chinoise*.

LES ORIGINES

DE LA QUESTION DU TONG-KIN

CHAPITRE I

I. De France en Chine; Hong-kong, Chang-haï et Pékin. — II. Retour à Chang-haï et rencontre de M. Simon. L'escadre anglaise et la mission scientifique Sarel et Bla kiston. — III. Notre voyage à Han-kéou.

I

Entraîné par mon amour des voyages, je me rendais en Égypte en 1858 et je m'y trouvais au moment du passage du général Cousin de Montauban et de son état-major. Je lui fus présenté par un ami commun, celui même qui m'avait déterminé à venir dans ce pays.

Je me rencontrai donc là avec les officiers, dont je partageais l'enthousiasme pour l'Extrême Orient. Cet enthousiasme me décida à prendre la malle anglaise à Suez pour me rendre à Hong-kong. Après un séjour dans cette ville, je m'acheminai sur Chang-haï, où m'attirait une affaire commerciale engagée avant mon départ.

Cette affaire ayant été liquidée très rapidement, je devins disponible et, grâce aux facilités que le général Cousin de Montauban voulut bien faire mettre à ma disposition, je me rendis à Pékin avec le corps expéditionnaire.

Je me trouvai donc dans cette ville les 25 et 26 octobre 1860 au moment de la signature des traités.

II

C'est en revenant de Pékin à Chang-haï, avec l'intention de regagner l'Égypte, que je rencontrai, à l'*Impérial Hôtel,* tenu par un compatriote, M. Eugène Simon, chargé d'une mission en Chine par le Ministère de l'Agriculture et du Commerce de France.

M. Simon fit tous ses efforts pour me détourner de mon projet de revenir en Égypte, et, grâce à l'enthousiasme général qui existait alors en faveur de la Chine, il parvint à me décider à demeurer dans le pays et à remonter le Fleuve Bleu avec lui.

Ses projets de voyages m'avaient paru du reste très séduisants; il devait d'abord se rendre à Han-kéou, puis passer quelques mois dans le Se-tchuen, pour de là gagner la Mongolie et revenir par Pékin.

Notre voyage allait être facilité par ce fait qu'à ce même moment la marine anglaise organisait une expédition pour ouvrir le Fleuve Bleu au commerce étranger et pour déterminer les trois ports qui, aux termes des traités de Pékin, devaient être accessibles sur le fleuve.

La suivre nous offrait un gage de sécurité parfaite. Aussi M. Eugène Simon demanda-t-il à l'amiral Hope deux passages qui lui furent accordés.

Les Anglais tenaient d'autant plus à montrer immédiatement le cas qu'ils faisaient d'un traité, que, pour eux et pour tous, il était évident que la plus grande partie de la population de la Chine et les lettrés en particulier se montraient très hostiles aux conventions signées. Vu cet état de choses, le Royaume Britannique voulait, jusqu'à un certain point, affirmer sa puissance par l'importance des forces navales dont il pouvait disposer. C'était un moyen de s'assurer si le traité était bien connu dans l'intérieur de l'empire, de le faire connaître, dans le cas contraire, et de montrer aux gouverneurs et aux populations qu'il entendait le mettre à exécution sans délai.

L'escadre était composée des navires suivants : l'*Atalante,* portant le pavillon de l'amiral, le *Centaur,* le *Waterman*, le *Bouncer,* le *Coromandel,* l'*Havoc,* le *Banterer,* le *Cooper,* le *Snake* et de petites canonnières.

Le premier objet de l'expédition était, nous l'avons déjà dit, d'ouvrir le fleuve au commerce, ce qui nécessitait l'adjonction de consuls appelés à séjourner dans les nouveaux ports et l'envoi d'une délégation de quelques membres de la *Chambre de Commerce* de Chang-haï, ainsi que la présence d'une mission chargée de faire le levé hydrographique du fleuve. Elle était composée de cinq ingénieurs ou officiers, placés sous les ordres du commandant Ward. Enfin, une autre mission devait chercher une voie de communication entre les Indes et le Yûn-nân, c'est-à-dire réaliser le rêve qu'Albion caressait depuis un demi-siècle. Or, ce n'était pas là le moins important aux yeux des négociants de la Grande-Bretagne.

Dès 1826, en effet, et pendant l'intervalle qui s'est écoulé jusqu'en 1860, plusieurs missions anglaises étaient parties des Indes pour pénétrer jusqu'à la frontière chinoise; mais, toujours, leur projet avait échoué. Cette fois-ci, le nouveau traité et l'expédition de l'amiral Hope semblaient devoir en faciliter l'accomplissement. Aussi, ce dessein faisait-il l'objet de toutes les conversations que l'on tenait à bord, et en particulier sur le *Cooper*, où étaient le plus grand nombre de passagers et où nous nous trouvions, M. Simon et moi.

Les Anglais avaient donc pleine confiance dans l'expédition et, lorsqu'on se rappelle l'appareil imposant qu'elle déploya, on comprend qu'elle n'ait pas manqué d'un certain prestige. On ne parlait que de son énorme matériel et, surtout, des canots démontables pouvant être portés à dos de mulets. En un mot, cette tentative offrait toutes les garanties possibles de succès.

L'expédition comptait parmi ses membres le lieutenant colonel H.-A. Sarel, le capitaine Blakiston, de la *Royal Artillery*, le docteur Alfred Barton, Schereschewsky, interprète de la légation russe à Pékin, qui l'avait autorisé à prêter son assistance à la mission anglaise. Elle était accompagnée de quatre cipayes et de quatre Chinois.

III

Le 11 février 1861, l'escadre quitte Chang-haï.

Nous remontons le fleuve lentement, afin de permettre à la mission hydrographique de faire son travail et, après plusieurs échouages, nous atteignons Tching-kiang, à l'embouchure du canal Impérial et à 155 milles marins de Chang-haï. Cette ville fut choisie comme un des trois ports devant être ouverts au commerce, et l'on y établit un consul qui dut résider sur le navire de l'escadre, désigné pour y stationner.

Ceci fait, nous reprenons notre route et, le 24 février, nous arrivons à Nankin, capitale des rebelles Taï-ping, à 45 milles au dessus de Tching-kiang. La ville était en ruines depuis longtemps, et la fameuse tour de porcelaine, complètement détruite. Il fallut nous arrêter, afin d'obtenir du chef des rebelles le libre passage des navires étrangers devant Nankin. Nous y laissons le *Centaur,* chargé de faire respecter les conventions prises et, après six jours de pourparlers, nous continuons notre route.

A 236 milles au-dessus de Nankin, nous rencontrons Hou-kéou, à l'entrée du lac Poyang. Non loin de ce lac, renommé pour la beauté de ses rives, se trouvait autrefois la célèbre manufacture impériale de Kin-ti-tching. On sait que cette manufacture fut incendiée il y a plusieurs siècles, mais les ouvriers ont fondé un certain nombre de fabriques privées, qui sont encore aujourd'hui entre les mains de leurs descendants. C'est là que, quelques années plus tard, un de nos compatriotes, Paul Champion, étudia la fabrication de la porcelaine.

A Hou-kéou, l'amiral craignant que l'*Atalante* ne puisse remonter plus haut, nous le laissons devant la ville comme stationnaire, et la mission scientifique passe alors avec nous sur le *Cooper*.

Kiou-kiang se trouve à 15 milles au dessus. On en fait le second port ouvert au commerce. En conséquence, on laisse encore un navire stationnaire sur lequel on installe un consul.

Enfin, le 11 mars, juste un mois après avoir quitté Chang-haï, nous arrivons à Han-kéou, terme officiel de l'expédition et troisième port dont l'accès est permis aux étrangers.

Dès le lendemain de notre arrivée, l'amiral présenta la mission scientifique au vice-roi, et il nous recommanda également, M. Eug. Simon et moi.

CHAPITRE II

I. Premières relations d'affaires et de confiance avec les mandarins. — II. Mon itinéraire de Han-kéou au Yûn-nân; mon secrétaire le mandarin Ouang et mon ami Ly. — III. De Han-kéou à Si-ngan-fou. — IV. Si-ngan-fou.

I

Les trois nouveaux ports ne purent pas être immédiatement ouverts au commerce; tout en aidant Eugène Simon dans ses recherches agronomiques il me restait encore de nombreux loisirs à bord de la grande jonque; j'en profitai pour me mettre sérieusement à l'étude de la langue chinoise. Ayant fait la connaissance de Ly, beau-frère du vice-roi, je pus, par son entremise, entrer en relations avec plusieurs mandarins influents. Ce Ly, qui, plus tard, me mit en rapport avec le vice-roi lui même, avait servi d'intermédiaire pour les négociations qui

1.

eurent lieu entre celui-ci et sir Harry Parkes.

Enfin, grâce à la flotte imposante de l'expédition anglaise, le traité de Pékin fut effectivement mis en vigueur, et le commerce se fit dans des conditions très favorables pour les étrangers, car leurs bateaux à vapeur servaient non seulement à leur propre trafic, mais encore à celui des Chinois. Tout en essayant de bénéficier moi-même de cet état de choses, j'étendis de plus en plus le cercle de mes relations avec les mandarins. Peu à peu, j'acquis auprès d'eux une certaine influence et je ne tardai pas à m'occuper exclusivement des affaires du gouvernement chinois. L'empire, troublé sur plusieurs points par les rebelles, avait un pressant besoin d'armes pour se défendre contre eux; on me chargea donc de lui en fournir : ce fut pour moi un nouveau moyen d'augmenter le nombre de mes connaissances.

Les mandarins des provinces du centre et du sud-ouest, qui se rendaient à Pékin ou qui en revenaient, passaient par Hankéou, et, presque toujours, mes amis me mettaient en relations avec eux. Je donnais en leur honneur des dîners servis à l'européenne et à la chinoise, et ils partaient, emportant des présents pour eux-mêmes et pour les fonctionnaires de leurs provinces, avec lesquels j'avais eu précédemment des rapports.

Mais ce qui contribua plus que tout le reste à m'assurer une situation exceptionnelle en Chine, ce fut le rapport que le vice-roi Li-Hung-tchang, frère aîné de Li-Hong-tchang, le célèbre vice-roi du Tchi-li, adressa à la cour de Pékin; il demandait, dans l'intérêt des provinces centrales et du Sud-Ouest, que j'eusse un dépôt d'armes et de munitions à Han-kéou, c'est-à-dire à proximité des contrées troublées par les rebelles de toute espèce. Cela me fut accordé par un décret impérial.

Aussitôt le ministre impérial de la guerre envoya une circulaire à tous les vice-rois, gouverneurs et chefs de corps d'armée, les informant de la teneur de ce décret : désormais, pour leurs armements, ils auraient à s'adresser au vice-roi des deux Hou (Hou-pé et Hou-nân), car un dépôt était placé sous sa sauvegarde personnelle. Tous les trois mois, il rendait à Pékin le compte détaillé des entrées et des sorties d'armes. Dès lors, j'étais seul à fournir aux mandarins les armes et munitions de guerre dont ils avaient besoin pour combattre les rebelles.

Toutes ces raisons expliquent comment il se fait qu'avant d'avoir jamais visité le Yùn-nân, j'y étais déjà connu. En effet, le gouverneur et le vice-roi de cette contrée me priaient de me rendre auprès d'eux pour nous entendre au sujet de la pacification de l'insurrection musulmane. J'eus de la même façon l'occasion de visiter la plupart des provinces de l'empire chinois.

Mes rapports étaient surtout fréquents avec les vice-rois et les premiers mandarins du Se-tchuen, du Yùn-nân et du Kouéi-tcheou. J'envoyai même un instructeur (1) — celui qui devint plus tard le major général Mesny — au gouverneur de cette dernière province, sur la demande qu'il m'en fit.

(1) Cet instructeur, né à Jersey d'un père anglais et d'une mère française, lui rendit de grands services dans sa lutte contre les Miaotze, peuplades indépendantes.

En voyant s'affermir ainsi la situation privilégiée dont je jouissais, mon premier souci fut de la faire servir à nos projets. Je rêvais de faire accepter par les mandarins du Yûnnân l'idée de créer une voie de communication entre notre colonie de la Cochinchine et le Sud-Ouest du Céleste Empire. Mais, pour cela, il fallait voir les autorités de cette province : je le désirais depuis longtemps, mais toujours mon voyage se trouvait retardé par d'autres déplacements, accomplis sur la demande des mandarins et que je ne pouvais pas ajourner.

Enfin, plus rien ne me retenait à Hankéou, et j'allais partir, quand passa la mission de M. Doudart de Lagrée. On a dit que ce passage m'avait donné la première idée de mon exploration. Le contraire a été suffisamment démontré par les pages que mon ami Eug. Simon a écrites au commencement de ce livre, par ses lettres au gouvernement ainsi que par tout ce qui précède. J'en appelle encore au témoignage de M. le comte de Cintré, commandant le stationnaire de Han-kéou, et à celui de M. Dabry de Thiersant, ancien consul de France dans la même ville.

Je viens de nommer les trois seules personnes connaissant mon projet. Pourquoi, en effet, l'aurais-je ébruité? On comprend sans peine que, si les Anglais en avaient eu connaissance, ils se seraient efforcés de l'entraver par tous les moyens, et alors, il est probable que les mandarins du Yûnnân ne se seraient pas prêtés à sa réalisation.

II

Enfin, le 18 septembre 1868, je partis d'Han-kéou. La route que je vais décrire est un acheminement vers le but que je poursuivais, et c'est là le principal intérêt qu'elle présente. Cet acheminement semblera sans doute bien indirect puisqu'il me conduit au nord-ouest, au lieu de m'emmener au sud-ouest; mais on comprendra plus tard l'importance et les raisons de ce détour.

Depuis l'hiver précédent, je différais mon

voyage au Kan-sou, où j'étais appelé par Mô-tchang-tchuen, maréchal commandant en chef les troupes chinoises dans cette province, et par Tsao, vice-roi du Chen-si et du Kan-sou, l'un des plus hauts dignitaires de l'empire et le fondateur de l'arsenal de Fou-tchéou. Mon projet était de voir ces deux mandarins avant de me rendre au Yûnnân. Pour gagner cette dernière province en passant par le Kan-sou, j'étais donc obligé de traverser le Se-tchuen.

Le mois de septembre est le moment le plus favorable pour remonter le Han, affluent du Fleuve Bleu. Avant cette époque, le fleuve, grossi par les pluies et par les eaux qui descendent de la chaîne des Tsing-ling et des monts Ou-thang-chan, oppose aux barques une très grande résistance. On en a vu, qui, condamnées à l'immobilité par les vents contraires, mettaient deux mois et quelquefois plus, pour aller jusqu'à Siang-yang; or, en temps ordinaire cette distance peut être franchie en quinze jours. Pour cette raison, une navigation à vapeur conviendrait très bien à ce cours d'eau et donnerait un plus grand essor au commerce déjà considérable de la région dont Ou-tchang, Han-yang et Han-kéou forment le centre, avec 2.000.000 d'habitants et plus.

La veille de mon départ, le général Kouang, représentant à Han-kéou le vice-roi Tsao, me conféra de sa part et par son ordre spécial l'assimilation au grade de *nié-taï* (grand juge) pour les honneurs et préséances durant le voyage et me remit une pièce constatant ma nouvelle qualité.

Avec moi voyageaient mon ami Ly, chargé d'accompagner un convoi d'argent pour Mô-tchang-tchuen, et mon secrétaire Ouang, lettré, du grade de mandarin à *bouton d'or*. Comme l'un et l'autre doivent contribuer plus tard à l'ouverture du Fleuve Rouge, je tiens à dire ici quelques mots sur chacun d'eux.

Ouang-pé-tsen, né à Ki-chouïe-hien (Hou-pé), d'une famille de fonctionnaires, dont quelques-uns ont rempli des postes élevés à la cour de Pékin, avait été le secrétaire d'un vice-roi et de plusieurs hauts fonctionnaires avant d'être à mon service. Aussi était-il très expert dans la rédaction des correspondances officielles, si compliquées en Chine. Son séjour auprès de moi ne l'empêcha pas d'obtenir, pour services spéciaux rendus au gouvernement, le grade de *hïen* (sous-préfet), puis celui de tchéou (grade intermédiaire entre le préfet et le sous-préfet). Comme je l'ai dit, il me suivit, non seulement pendant ce premier voyage au Kan-sou et au Yûn-nân, mais encore lors de mon exploration du Fleuve Rouge en 1870-1871. En 1872 il vint avec moi à Hong-kong et à Saïgon, mais de là il fut obligé de regagner le Hou-pé où l'appelaient des affaires de famille.

Quant à Ly-tan-sun, son extérieur était des plus distingués et des plus agréables. Originaire de Chouïe-tchéou-fou, dans la province du Kiang-si, il appartenait à une famille de riches propriétaires qui avait fourni à l'empire plusieurs hauts mandarins. Après avoir obtenu son diplôme de bachelier il fut nommé *pou-tïn* (conseiller de préfecture) dans le Hou-pé; puis, afin d'obtenir un avancement plus rapide, il entra comme *tong-ling* général de brigade) dans le corps du général Téou, et, après la retraite de celui-ci, il passa sous les ordres de Pâo. Il devint plus tard sous-préfet de Mâ-chèn puis préfet de Té-ngan (Hou-pé); la mort de sa mère le contraignit à quitter ce poste. En effet, tout fonctionnaire chinois est obligé de porter le deuil de ses parents pendant trois ans et de renoncer pendant ce temps à ses fonctions administratives.

Le deuil de Ly étant terminé, il attendait un poste vacant pour entrer en fonctions, lorsqu'en 1872, il consentit à faire partie de mon expédition pour me prêter son concours et son expérience des affaires chinoises. Il fut attaché à ma mission par les autorités du Yûn-nân, sur ma demande, et avec le consentement des autorités du Hou-pé.

Cependant on verra, dans un autre volume, que l'administration de la marine à Saïgon ne tint compte ni de sa mission ni de son grade et, après les événements du Tong-kïn, elle le traita comme un de mes matelots ou coolies sans distinction.

Trois autres mandarins qui allaient se mettre à la disposition de Tsao, pour l'aider à combattre les Nien-féi, firent également route avec nous.

C'étaient de terribles brigands que ces Nien-féi. Nés de la ruine du batelage sur le Fleuve Jaune et sur le canal Impérial, — ruine causée par des inondations exceptionnelles, — ils acquirent une certaine importance après la prise de Nankin et la défaite des Taï-ping. Un grand nombre de ces derniers, restés en armes sous le nom de Tchan-mâo (hommes aux longs cheveux), se joignirent aux Nien-féi. Ces bandes, fortement organisées, comptèrent pendant quelque temps plus de 100,000 hommes. Ne vivant que de rapines, elles ravageaient les provinces du centre, incendiant et pillant tout sur leur passage ; puis, chargées de butin, elles rentraient dans les provinces du Nord.

III

Comme nous quittons Han-kéou, notre navigation se trouve ralentie par des vents contraires. Nous remontons le cours d'eau qui coule du N. O. au S. E., puis à l'E. quand il reçoit la rivière de Té-ngan.

Le 23 septembre, nous arrivons à Tien-tâo-tzen, gros bourg marchand sur la rive droite du Han. Les Nien-féi n'y ont pas fait leur apparition, car ils n'ont ravagé que la rive gauche. Cette ville est l'entrepôt des cotons de la contrée qui descendent la rivière à destination d'Han-kéou; on y fabrique aussi de l'eau-de-vie de grains. Nous faisons une visite à notre ami Chang, ancien tao-taï du Kiang-si. Ce beau vieillard nous offre un dîner avec chants et musique, suivant l'usage chinois.

Nous repartons le 24, et le 28 nous atteignons Sa-yang, marché moins grand que celui de Tien-tâo-tzen, mais qui a une certaine importance parce qu'un canal et des lacs le relient à Sa-se, sur le Yang-tse, à une distance de 72 kilomètres.

Le Han, dont la largeur varie de 200 à 300 mètres, reste encaissé jusqu'à Sa-yang dans le cours que lui ont tracé de hautes berges ainsi que les digues élevées en certains endroits sur ses bords. Depuis cette ville, il s'élargit considérablement et atteint quelquefois un kilomètre, rongeant le pied des berges sablonneuses; la rivière ainsi se déplace elle-même, gagnant tantôt à droite, tantôt à gauche : on a constaté que tous les trente ans elle recommence son action à l'inverse, renvoyant d'un côté à l'autre les terres qu'elle a déplacées.

Malgré ses énormes crues, le Han est toujours navigable, même à l'époque des plus basses eaux, parce que les sables accumulés par les courants le long des rives, laissent un chenal dont la largeur minimum est de 80 à 100 mètres; mais ce chenal se reforme rarement au même endroit; quelquefois même il s'en crée plusieurs.

Le 1er octobre, nous dînons à Ngan-lo-fou, chez le préfet, qui est un ami de Ouang et de Ly.

Le lendemain, nous arrivons à Lieou-choïe-kéou. Au moment de notre passage la ville était déserte : tous les habitants avaient fui devant les Nien-féi; il n'en restait plus que 5 à 600, au lieu de 30 à 40.000.

Au-dessus de Lieou-choïe-kéou, la culture du coton commence à devenir très rare.

Le 3, nous mouillons devant Siang-yang, à 1240 *lis* d'Han-kéou (1), sur la rive droite du Han; Fan-tzèn, la ville marchande, est située vis-à-vis, sur la rive gauche. Le vice-roi du Hou-kouang (Hou-pé et Hou-nân réunis) arrive à Siang-yang en même temps que nous, et nous restons trois jours dans cette ville pour voir les fêtes que l'on donne en son honneur.

La veille de notre départ, j'offre un repas d'adieu à Ly, qui continue à remonter le Han jusqu'à Han-tchong.

Désormais, la navigation devient plus difficile; elle ne serait possible qu'avec des bateaux à roues et à fond plat.

Le *liang-taï* (intendant du vice-roi) nous procure des barques pour remonter le Tsaï-hô.

180 lis plus loin, nous arrivons à Laô-hô-kéou, qui, à l'époque où nous y étions avait

(1) Un *li* compte environ 500 mètres.

beaucoup perdu de son importance commerciale par suite de l'apparition des Nien-féi. Cependant elle comptait encore 100.000 âmes. Nous allons visiter le Koueï-kouang (pagode-club) des négociants du Kiang-si, établissement magnifique, dont la toiture est en faïence vernie, de différentes couleurs.

Le 15 octobre, nous arrivons à Tin-tze-kouang, marché important et résidence du *siè-taï* (général de brigade) et de quelques troupes, en raison de sa position sur les frontières du Chen-si, du Hou-pé et du Hou-nân. Là est le terme de notre navigation, après un parcours de 300 lis sur le Tsaï-hô. A l'époque des fortes crues, des bateaux à faible tirant d'eau peuvent très bien remonter jusqu'ici et même jusqu'à Long-kiu-tsaï.

Toute la vallée du Tsaï-hô est excessivement fertile. On y récolte en abondance des châtaignes, des noix et des fruits de toutes sortes. L'un des plus curieux est le *sse-tse* (1),

(1) Le *sse-tse* a été introduit pour la première fois dans notre pays par M. Eug. Simon en 1862. On l'appelle *ka-ki* au

que l'on trouve dans différentes provinces de Chine, à Saïgon et au Tong-kïn. Il est bien connu aujourd'hui dans le midi de la France et à Paris sous le nom de *ka-ki*.

Le *liang-taï*, qui nous avait reçu à déjeuner le lendemain de notre arrivée à Tïn-tze-kouang, nous procure de magnifiques mulets pour quitter cette ville. Ce sont de fortes bêtes que l'on peut charger de 145 kilogrammes, sans compter le cavalier. Nous gravissons la montagne et la redescendons par une route presque impraticable. La nuit nous surprend dans un étroit ravin, et nous nous abritons sous un hangar ouvert à tous les vents. Partout nous avons retrouvé des traces du passage destructeur des Nien-féi.

Le pays que nous parcourons, les deux jours suivants, est encore plus sauvage. Nous marchons entre des montagnes escarpées de 1000 à 1200 mètres d'élévation; il nous faut passer de gorge en gorge pour contourner les pics.

Japon et, sous ce nom, d'autres voyageurs l'ont depuis envoyé en France.

Nous avons fait 274 lis depuis notre départ de Tïn-tze-kouang, lorsque nous retrouvons le Tsaï-hô à Long-kiu-tsaï, poste militaire, à la tête duquel se trouve un *inquang* (colonel). On fabrique en cet endroit une grande quantité d'huile de noix.

Nous longeons la rivière jusqu'à Changtchéou, que nous atteignons le 23 décembre. A partir de cette ville, la navigation du Tsaï-hô devient impossible, même pour les petites barques, et au-dessus la rivière se divise en plusieurs ruisseaux ou torrents.

Depuis Long-kiu-tsaï jusqu'à Changtchéou, il y a des sables aurifères et, un peu au delà de cette dernière ville, j'ai aperçu du minerai d'or.

L'exploitation des mines est interdite, afin de ne pas détourner le peuple des travaux agricoles. Le gouvernement chinois ne l'autorise qu'accidentellement, et pour un temps, dans une province, lorsque celle-ci a réellement besoin de ce métal. Cette loi, qui découle des principes de Confucius, n'est pas applicable aux mines de charbon qu'on peut toujours exploiter.

C'est à partir de Chang-tchéou qu'est cultivé l'arbre qui produit le vernis de Chine (1); nous l'avons trouvé sur les flancs de ravins réfractaires à toute autre production.

Le 25, nous escaladons les plus hauts sommets de la chaîne qui sépare le bassin du Yang-tsé de celui du Hoang-hô, et qui ont un peu plus de 2000 mètres d'altitude. Le 26, nous apercevons à l'horizon la plaine de Si-ngan. Le spectacle est grandiose : devant nous s'échelonne une multitude de pics dont les derniers, les moins élevés, vont se perdre dans la plaine immense.

IV

C'est le 27 octobre que nous atteignons Si-ngan-fou, la capitale du Chen-si, à 240 lis de Chang-tchéou et à 2400 lis de Pékin.

Cette ville, la plus grande de la Chine après Pékin, fut, pendant quinze siècles, la capitale de l'empire. Elle est entourée de murs

(1) Le vernis de Chine fut, comme le sse-tse et plusieurs autres arbres, envoyé au ministère de l'Agriculture en 1862 par M. Eug. Simon.

très élevés qui l'enserrent dans un rectangle de 40 lis de tour. Une deuxième enceinte sépare la ville marchande et le quartier tartare de la ville mandarine. Quant à l'ancienne ville impériale, la ville jaune, très petite d'ailleurs, il n'en reste plus que les remparts fort délabrés. Elle sert de champ de manœuvres.

Près du quartier tartare habitent les descendants d'une colonie juive, arrivée en Chine 600 ans avant Jésus-Christ et dont les missionnaires catholiques ont souvent parlé.

A côté de la porte du sud s'élève une magnifique pagode, où trône une immense statue de Confucius en bronze. Dans des bâtiments disposés en galerie, on remarque des centaines de pierres mortuaires appelées païling (forêt de monuments) rangées le long des murs sur plusieurs lignes, à la manière des *Campi-santi* d'Italie. Elles sont couvertes de caractères, dont la plupart sont tracés horizontalement au lieu de l'être verticalement. Ce sont les plus anciennes de Chine, et très peu de lettrés sont capables de les lire. On a réuni tous ces antiques souvenirs en ce lieu pour les grouper autour du monument dédié à Confucius.

J'ai aussi visité la fameuse pierre, dite de Si-ngan-fou, sur laquelle est gravée une croix de Malte. Elle se trouve en dehors de la ville à une certaine distance de la porte du sud-ouest, dans le mur d'une pagode en ruine. Les caractères qui la recouvrent rappellent ceux des *paï-ling*. D'après les missionnaires elle daterait du VIIe siècle après Jésus-Christ et serait l'œuvre des chrétiens venus en Chine à cette époque pour la première fois; c'étaient des Nestoriens.

Lorsque j'entrai à Si-ngan-fou, je trouvai la ville dans une grande agitation, parce que Tsao, le vice-roi du Chen-si, y était arrivé la veille. Il revenait de combattre les Nien-féi, et ses troupes campaient en dehors des murs, non loin de la porte de l'ouest. Il m'invita à déjeûner dans le camp. Après le repas, il me présenta le capitaine Georges Vlavianos, qui avait autrefois fait partie du corps franco-chinois commandé par MM. Giquel et d'Aiguebelle.

Chez mon ami Tsao, je fis la connaissance

du nouvel ambassadeur du Thibet, Tè, *kün-tsaï* qui se rendait à son poste avec une suite de 80 personnes, et il s'établit entre nous les relations les plus courtoises. Comme je lui manifestais mon désir de connaître Lhassa : — « Pourquoi, me dit-il, ne partiriez vous pas avec moi ? Vous reviendrez avec celui que je vais remplacer et qui quittera le Thibet bientôt après mon arrivée. » Malgré son insistance et l'envie que j'éprouvais de répondre à son invitation, je déclinai ses offres. J'avais hâte, en effet, d'arriver au Yûn-nân, et ce voyage m'aurait beaucoup retardé.

Tsao me conseillait cependant de ne pas partir à cette époque. Afin de passer par le camp de Mô-tchang-tchuen, j'étais forcé de prendre une route qui n'était pas celle que l'on suivait habituellement. Elle m'obligeait par la suite à franchir des montagnes excessivement difficiles et que la présence des brigands rendait peu sûres. Voyant que toutes ces causes ne peuvent m'engager à prolonger mon séjour dans la ville, Tsao me remet des lettres de recommandation qui doivent me servir sur mon chemin.

CHAPITRE III

I. De Si-ngan au camp du maréchal Mô. — Le mausolée de Ma-ouéi-po. État misérable du pays. — II. Du bassin du Fleuve Jaune à celui du Fleuve Bleu. Les Tien-chang ou Monts célestes. — III. Han-tchong-fou. De cette ville à la frontière du Se-tchuen. — IV. Le Se-tchuen. De la frontière nord à Tchong-kïn. Importance commerciale de cette province.

I

Le 12 novembre 1868, nous quittons Si-ngan-fou, pour nous diriger vers le camp de Mô-tchang-tchuen, situé à 100 lis de Lan-tchcou-fou, la capitale du Kan-sou. Nous passons la première nuit à Hien-yang, sur la rive droite du Oueï-hô, affluent du Fleuve Jaune, auquel il se réunit un peu plus bas. Il y a dans les environs les tombeaux des anciens princes de la Chine, de ceux surtout qui appartenaient à la dynastie des Tang.

Le lendemain, nous arrivons à Sïn-pïnhien. Non loin de cette ville se trouvent des *houang-ling* (1).

30 lis plus loin, à Ma-ouéi-pô, nous passons près d'un petit monticule couronné d'un mausolée, qui se trouve à droite de la route. C'est la sépulture de la célèbre Ma-ouéi-pô, *petite femme* d'un prince de la dynastie des Tang. Celui-ci, partant de Si-ngan pour combattre dans le Se-tchuen, emmena avec lui Ma-ouéi-pô dont il ne pouvait se séparer; mais cette faiblesse détermina le soulèvement des soldats qui refusèrent de suivre leur maître ainsi accompagné. Cependant l'ennemi marchait à grands pas sur le Chen-si, et le prince, placé entre son amour et son devoir, ne savait auquel obéir. Ma-ouéi-pô, tenue au courant de ce qui se passait, se dévoua, et, par un héroïque suicide, sauva du même coup l'honneur du guerrier et la liberté du pays. L'infortunée était d'une beauté ravissante; sa mort tragique a servi de thème à une pièce de théâtre très populaire que l'on joue encore aujourd'hui.

(1) Tombeaux de princes.

Nous continuons notre route par Ou-kong-hien, Fou-fong-hien, Ki-chang-hien et Fong-siang-fou.

Depuis Si-ngan, nous avons fait 420 lis à travers un pays ravagé par les musulmans venus du nord-ouest (du côté de Kachgar). Ce n'étaient que ruines partout.

On me dit que les cours d'eau sont remplis de sables aurifères ; mais depuis la rébellion on n'essaie plus d'en tirer parti. Les chercheurs d'or ont disparu comme le reste.

Nous passons un peu plus loin à Hy-tsin-tchéou et, le 24 au soir, nous arrivons au camp de Mô-tchang-tchuen. Notre dernière journée a été rude : ne trouvant pas d'abri, il nous a fallu faire 125 lis.

Mô-tchang-tchuen était un Tartare d'un commerce agréable. Ses traits respiraient la bonté. Depuis quelques années, il remplissait les fonctions de vice-roi du Kan-sou, dont le titulaire, Tsao, venait seulement d'être désigné. Tsao ne devait venir habiter Lan-tchéou, la capitale, que dans quelque temps.

Je cause avec Mô de l'état du pays : « Toutes les villes fortifiées, me dit-il, ont été au pouvoir des rebelles, qui n'ont laissé que des ruines derrière eux. » La région est absolument abandonnée par les habitants; c'est à se demander ce qu'ils sont devenus, dans le Chen-si et dans le Kan-sou surtout (1). Les populations de ces provinces ont dans toute la Chine une grande réputation de probité et de franchise. Les hommes, d'une belle race, ont la taille élevée et l'air vigoureux.

Ayant terminé mes affaires d'armements avec Mô-tchang-tchuen, je lui fais une visite d'adieu le 8 décembre, veille de mon départ.

II

Accompagné d'une escorte que m'a donnée le maréchal, je reviens sur mes pas jusqu'à Fong-siang. Si je n'avais voulu passer à Han-tchong, j'aurais pu me rendre au Se-tchuen par une voie beaucoup plus courte, m'embarquant à Lô-yang pour descendre la

(1) On sait que toutes ces rébellions ont presque entièrement disparu, et que la prospérité est à peu près générale aujourd'hui.

rivière du même nom jusqu'à Paô-ning-fou.

Le 14, nous arrivons à Fong-siang, où je suis reçu par mon ami Ouéi-tao-taï.

Il nous faut faire 100 lis le 16 avant de trouver un gîte, et nous couchons à Ti-hien.

Le 17, nous nous enfonçons dans la montagne pour passer à Paô-ki-hien, épargné par les rebelles, et à Oû-ki, où je rencontre Té-kïn-tsaï. Nous reparlons de Lhassa, et il me renouvelle sa proposition de m'emmener avec lui.

Dans les environs de Oû-ki, nous remarquons une particularité que l'on retrouve en plusieurs endroits dans ces montagnes ; des sources forment des ruisseaux à quelques centaines de mètres du sommet.

Le lendemain, en nous dirigeant vers le sud-ouest, nous gravissons la chaîne de Tien-sa-pien-lîng, qui sépare le bassin du Fleuve Jaune de celui du Fleuve Bleu. Le sentier que nous suivons est presque à pic.

Le 18, nous passons à Nan-sin. Le cours d'eau que nous longeons va rejoindre à Lo-yang le Paô-ning-hô, qui lui-même se jette dans le Yang-tsé à Tchong-kïn.

Nous continuons notre route à travers les montagnes, presque aussi hautes que les Tien-sa-pien-lîng. A différentes reprises, nous rencontrons des rochers à pic, qu'il faut gravir en les contournant, puis redescendre en côtoyant des précipices de 3 à 400 pieds de profondeur. On frémit en songeant qu'un faux pas, une distraction, peuvent vous précipiter dans l'abîme ; et il paraît que cela arrive souvent. On me dit que des portefaix, revenant du Se-tchuen, où ils se sont débarrassés de leur fardeau, profitent quelquefois de la solitude de ces montagnes pour commettre des crimes. Lorsqu'ils rencontrent un voyageur sans escorte et qui leur semble avoir de l'argent, ils le dépouillent et l'envoient rouler dans le précipice.

Il y a des moments où nos mulets sont incapables de nous suivre sans l'aide des conducteurs. Il faut se mettre à deux ou à trois pour les soutenir. Deux de ces malheureuses bêtes tombent sous nos yeux dans un ravin, où elles sont broyées.

Le 21 décembre, nous atteignons Licou-pa-tïn, arrosé par un cours d'eau que nous côtoyons et qui est le principal affluent du Han.

Nous passons ensuite à Mâ-tâo.

Ce chemin est certainement l'un des plus mauvais de la Chine. Depuis Paô-ki-hien, nous avons franchi pendant sept jours des montagnes et des ravins. Autrefois, il existait une route assez praticable; mais, lors de mon passage, elle avait disparu en plusieurs endroits sous des éboulements. Au lieu de la rétablir, on en avait simplement relié les quelques tronçons demeurés intacts, par un sentier taillé dans le roc. Cependant, les courriers du Se-tchuen n'en suivent pas d'autre pour aller à Pékin. Ceux-ci vont à pied et au pas de course; mais ils ne font pas plus de 15 lis chacun. Au bout de cette étape ils se relayent, et ainsi, jusqu'à la capitale. Le service ne demande pas plus de cinq ou six jours.

III

Le 24 décembre, nous arrivons à Hantchong, où s'arrête la navigation de la rivière Han. Par la route directe il y a 1050 lis depuis Si-ngan ; mais j'en ai fait le double pour passer par le Kan-sou.

Les barques qui viennent d'Han-kéou remontent jusque-là sans décharger. Deux petits bras se réunissent au-dessus de la ville pour former le Han. L'un vient de l'ouest et descend dans un lit unique à partir de Nien-hien. On peut le remonter pendant quelque temps avec de petites barques; mais bientôt, au-dessus de Nien-hien, on rencontre les petits affluents qui le composent. L'autre bras est celui que nous avons suivi depuis le versant sud de la grande montagne de Fong-siang et qui, à partir de Lieou-pa-tïn, descend dans des gorges étroites. C'est le bras principal du Han, mais il n'est pas navigable.

Lorsque nous arrivons à Han-tchong, nous n'y trouvons que des ruines, ainsi que m'en avait bien averti le maréchal Mô. Il ne reste plus debout une seule maison; les murailles sont en partie détruites. Mon ami Ouang-tao-taï loge dans une mauvaise pagode, restaurée à la hâte et couverte de chaume. La ville a été ravagée par une bande de contrebandiers d'opium venus des montagnes de l'Inde et du Thibet pour introduire cette denrée dans toute la Chine par le Se-tchuen. Ils s'unirent à une troupe de Nien-féi, et ce fut une femme qui se mit à leur tête; mais cette femme finit par être prise et exécutée.

Avant d'être saccagé, Han-tchong comptait de nombreux habitants dans ses maisons construites en pierres et en briques; mais aussitôt après l'expulsion des rebelles, les populations du Se-tchuen vinrent en foule pour repeupler cette localité.

De toutes les villes de Chine, il en est peu dont la situation soit aussi charmante que celle d'Han-tchong. La ceinture de montagnes, qui l'entoure à une certaine distance, ne s'ouvre que du côté de l'est sur la vallée du Han. Cette vallée, excessivement petite, fournit en abondance des légumes et des fruits de toute sorte : noix, châtaignes, poires, etc... Pendant mon séjour à Han-tchong, mon cuisinier me rapporta du marché des carottes énormes et un navet qui pesait 4 kilog. 800 grammes ainsi que d'autres légumes magnifiques.

Le 29 décembre, nous quittions Han-tchong sur de petites barques pour remonter jusqu'à Nien-hien (110 lis) le bras de la rivière qui se dirige vers l'ouest. Mais, après 60 lis de navigation, l'eau manque. Il nous faut presque traîner nos embarcations, et nous prenons des chevaux pour gagner la rivière de Lo-yang.

Le 31 décembre, nous passons devant Nien-hien à l'extrémité de la vallée. De ce point, on s'enfonce dans la montagne. Au-dessus, la rivière se divise en plusieurs branches, dont deux sont plus importantes que les autres. Nous prenons une de celles-là, qui se dirige à gauche, et nous la suivons jusqu'à Sin-pou-ouen.

Le 1er janvier 1869, nous voyageons sous de continuelles rafales de neige et nous couchons à Taï-kia (85 lis).

Le 2, nous arrivons à Yang-pïn-kouang, grand village et marché important sur la rivière qui, venant de Lo-yang, passe à Paô-ning-fou, dont elle emprunte le nom, et va jusqu'à Tchong-kïn, où elle se jette dans le Yang-tsé. C'est à Yan-pïn-kouang que les marchandises, venant du Se-tchuen, prennent la voie de terre pour être transportées à Han-tchong. Yang-pïn-kouang est à 210 lis de Han-tchong, si l'on suit le cours d'eau dont je viens de parler.

Nous continuons notre route sur une jonque que nous procurent les mandarins. Nous franchissons des rapides dangereux, étroitement resserrés entre des rochers.

IV

Le 3, nous entrons dans le Se-tchuen et nous retrouvons des rapides semblables à ceux de la veille. Nous sommes au milieu de montagnes très hautes, surtout sur la rive droite du fleuve; elles sont boisées dans le bas et dénudées vers le sommet, encaissant profondément la rivière. Ce district est pauvre; la journée d'un homme se paie 0 fr. 30, et même moins pour les travaux agricoles.

Le 4, nous atteignons Kouang-ouen-hien

après avoir fait 350 lis de navigation très dangereuse. Cette localité est connue par son charbon de terre, dont l'extraction forme, avec l'huile de noix, la principale industrie du pays. Là, nous devons quitter la jonque qui nous a été donnée à Yang-pïn-kouang; le sous-préfet de la ville nous en procure une autre et vient nous demander si nous en sommes satisfaits.

Non loin de Kouang-ouen-hien, notre nouvelle jonque, en franchissant un rapide, est précipitée contre les rochers. L'arrière coule immédiatement; mais, par bonheur, l'avant demeure suspendu sur les récifs, et nous y cherchons un refuge pour nous et nos bagages mouillés, en attendant les embarcations qui viennent nous recueillir.

C'est sur un petit bateau que nous continuons notre route jusqu'à Tsao-koa-hien, où la rivière reçoit deux affluents qui grossissent considérablement le Paô-ning-hô.

Les mandarins de Tsao-koa-hien nous ayant prêté une petite embarcation qui doit nous conduire jusqu'à Paô-ning-fou (530 lis par eau et 307 par terre), nous atteignons cette ville le 9, après avoir passé à Tsen-ki-hien; retenus par des brouillards, nous y restons jusqu'au lendemain matin. Les mandarins nous font un très bon accueil et nous donnent une autre jonque pour Nan-pou-hien; le préfet nous invite à dîner. — Paô-ning-fou est le centre du commerce qui se fait avec le haut de la rivière.

Le 12, nous arrivons à Nan-pou-hien; où on nous donne une autre embarcation qui, de nouveau, sera changée à Pang-tchéou. Les principaux objets du commerce de cette contrée sont : le sel, extrait des puits, qui, par milliers, se trouvent de chaque côté de la rivière; la cire d'insecte (*pèh-là* ou *coccus pèh-là*) et la soie, produite par le ver à soie du chêne (1).

Un peu plus loin, près de Sin-tsen-pâ, je vais visiter le *péh-là-tchu*, arbre sur lequel vit l'insecte pèh-là (2).

Nous continuons sur Pang-tchéou et Cheû-

(1) Le ver à soie du chêne a été introduit en France par M. l'abbé Perny et par M. Eug. Simon au commencement de 1861.

(2) Le coccus pèh-là et le pèh-là-tchu (*ligustrum*) ont été envoyés au Jardin des Plantes par M. Eug. Simon en 1863.

kïn-fou, qui, comme les localités précédentes, exportent une grande quantité de soie. Un des affluents de la rivière, lequel prend sa source dans les environs de Tchen-tou-sèn, capitale de la province, permet d'arriver tout près de Cheû-kïn-fou, situé à 620 lis par eau de Tchong-kïn, avec lequel il fait un grand commerce.

Les jours suivants, nous passons successivement à Tïn-yuen-hien, à Hô-tchéou, et, le 21, nous arrivons à Tchong-kïn, à 2105 lis de Yang-pïn-kouang ; mais la route est beaucoup plus courte par terre. Là, j'appris que M. Cooper, l'explorateur anglais, avait traversé Tchong-kïn un mois auparavant.

Tchong-kïn, au confluent du Yang-tsé-kiang et du Paô-ning-hô, est le plus grand marché de la Chine Occidentale. C'est par là que se font les échanges, non seulement avec l'intérieur de la province qui ne compte pas moins de 40 à 45,000,000 d'habitants, mais encore avec les provinces voisines, telles que le Kan-sou, le Kouéi-tchéou, le Yûn-nân et le Thibet. Durant toute l'année, on a peine à circuler dans les rues, encombrées de monde et de ballots. Les négociants de la province passent, dans toute la Chine, pour être très fins et très rusés. On leur donne l'épithète de *rats du Se-tchuen*, c'est-à-dire « qui ramassent tout ».

M. Eug. Simon, qui a parcouru le Se-tchuen en 1863, a recueilli sur ce sujet des renseignements très intéressants. D'après ce qu'on lui a dit, c'est au Se-tchuen qu'ont pris naissance les premières institutions de crédit, non seulement de la Chine, mais peut-être du monde entier. Les billets de banque, les warrants, les monts-de-piété y seraient connus depuis un temps presque immémorial. L'individu, qui passe pour être le plus riche de la Chine, est un habitant du Se-tchuen. On lui attribue une fortune d'au moins 100 millions. Il possède de très nombreux établissements de monts-de-piété, où l'on prête à prix réduits.

On comprend d'ailleurs que les besoins de la civilisation se soient fait sentir de bonne heure au Se-tchuen, puisqu'il est certain que cette province a été une des plus anciennement peuplées de la Chine.

Je rencontre à Tchong-kïn deux mandarins, Ly et Kao, envoyés par Tchèn-fou-taï, gouverneur du Yûn-nân, qui allaient me chercher à Han-kéou. Ils sont chargés pour moi d'une dépêche dans laquelle Tchèn, après m'avoir exprimé le désir qu'il avait de me voir, me prie de me rendre chez lui le plus tôt possible, afin que nous puissions nous entendre au sujet des armes, canons et munitions de toutes sortes, dont il a besoin, et il me demande, en outre, d'en remettre immédiatement un assortiment à ses envoyés. Il m'avertit que ceux-ci doivent recevoir une certaine somme du vice-roi des deux Kouang et qu'ils me la remettront; si elle ne suffit pas pour solder le compte, l'arriéré me sera réglé une autre fois avec une nouvelle fourniture.

En conséquence, j'envoie Ly et Kao à Han-kéou avec une lettre pour mon agent chinois, dans laquelle je donne à celui-ci mes instructions, conformément aux désirs du fou-taï.

Je rencontrai également à Tchong-kïn le

liang-taï (intendant général) du Se-tchuen et aussi le général en chef Lieou, commandant l'armée du Kouéi-tchéou et auquel j'avais envoyé quelque temps auparavant l'instructeur Mesny. Je pus donc finir mes affaires avec eux, sans aller jusqu'aux capitales de leurs provinces : Tchèn-tou-sèn et Kouéi-yang-sèn.

Rien ne me retenant plus à Tchong-kïn, je fais mes préparatifs de départ.

CHAPITRE IV

I. De Tchong-kïn à Tchao-tong-fou par Suïe-tchéou-fou. — II. Chez les bandits mahométans. — III. De Ouïe-ning-tchéou à Yûn-nân-sèn. Encore les bandits.

I

Jusqu'ici, j'ai cru intéressant de donner quelques détails sur le pays que j'ai traversé, car les routes que j'ai prises, tout à fait inconnues en 1869, ne sont guère plus connues aujourd'hui, surtout celles qui franchissent la chaîne de montagnes séparant le bassin du Fleuve Jaune de celui du Fleuve Bleu. A partir de Tchong-kïn au contraire, l'itinéraire que je parcours ne s'écarte pas de celui qu'on suit habituellement. Plusieurs voyageurs l'ont décrit; moi-même, j'en ai parlé longuement à la Société de Géographie et dans beaucoup d'autres publications.

Je me bornerai donc à de légères indications sur la voie qui va de Tchong-kĭn à Yûn-nân-sèn.

Nous quittons Tchong-kĭn dans une belle jonque mandarine que le préfet m'a procurée. Elle doit nous conduire jusqu'à Suïe-tchéou-fou que nous atteignons 810 lis plus haut, entre des rives charmantes, formées de mamelons cultivés et boisés, où fleurissent les orangers, les azalées et les camélias. Les villes et les villages que nous rencontrons sont très populeux, et on sent partout que le pays est riche.

Suïe-tchéou-fou, au confluent du fleuve et de la rivière qui vient de Kia-tĭn-fou, dont elle prend le nom, fait un très grand commerce avec le sud-ouest du Se-tchuen, le Yûn-nân et le Thibet. Les négociants qui vont dans cette dernière province remontent en barques la rivière de Kia-tĭn-fou jusqu'à cette ville et même au-dessus. Les principaux articles d'importation dans la ville sont : la cire pèh-là, la rhubarbe, le musc et les plantes médicinales; le coton en bourre, dont la plus grande partie provient des plaines du Hou-pé. Les tissus de laine et les tissus de coton sont les principaux objets d'exportation à destination des contrées éloignées.

Suïe-tchéou-fou était autrefois la capitale des Man-tze, qui ont été refoulés dans les montagnes mais qui, de temps en temps, descendent dans les plaines pour opérer des razzias. Ils trouvent du reste ces razzias absolument légitimes. Les Chinois, d'après eux, sont des voleurs qui leur ont pris leur pays, et ils se font justice comme ils peuvent.

Au-dessus de cette ville, le fleuve très encaissé n'est plus navigable à cause des cascades qu'il forme.

Plusieurs explorateurs ont été arrêtés un peu plus haut que Suïe-tchéou-fou, notamment la mission Sarel et Blakiston, dont il a été parlé au commencement de cet ouvrage, puis M. Richthofen et M. Cooper.

Le 8 février, les mandarins de Suïe-tchéou-fou nous ayant procuré des chevaux, nous nous dirigeons sur Keù-lien-hien par la voie de terre. C'est une ville bien située, dans une vallée entourée de hautes montagnes.

On cultive dans les environs un thé d'une qualité commune, mais que l'on récolte en abondance. Le premier de l'an chinois nous surprend à Keû-lien-hien et, à cette occasion, la vie est pour ainsi dire suspendue pendant trois jours. Nous sommes donc forcés de nous arrêter; mais le 12, bien que les fêtes ne soient pas terminées, le préfet parvient à nous trouver de nouveaux chevaux, et nous nous mettons en route.

Le 13 nous passons la rivière à Lao-ya-tan, sur un pont suspendu par des chaînes de fer. C'est en cet endroit que la mission de M. de Lagrée, fatiguée du voyage dans les montagnes, prit des barques et descendit la rivière jusqu'à Suïe-tchéou-fou, malgré le danger de cette navigation.

Lao-ya-tan, situé au fond d'une gorge étroite où coule la rivière du même nom, est le siège de la douane frontière du Yûn-nân et le seul lieu de passage pour toutes les marchandises qui sont à destination de cette province, venant de Suïe-tchéou-fou. Le principal commerce d'exportation est celui du musc.

Nous dînons chez les mandarins de la douane, dont l'un est l'ami de mon secrétaire Ouang, et, après avoir remplacé nos chevaux, nous nous dirigeons le lendemain sur Ta-kouang-tïn, plusieurs fois saccagée par les rebelles et par des populations à demi sauvages.

Cette petite ville ne s'était pas encore relevée d'un récent pillage, quand 3 ou 4.000 bandits profitèrent d'un jour de marché pour l'envahir. Ils prirent la citadelle et firent main basse sur tout ce qui était susceptible d'être emporté : provisions, objets de literie, et même les vêtements, dont ils dépouillèrent les habitants. Toutefois, ces infortunés eurent la vie sauve, à l'exception de ceux qui tentèrent de résister.

Depuis Lao-ya-tan, nous suivons un chemin très sauvage, à travers gorges et ravins. Montant toujours, nous arrivons par un mauvais chemin de montagne à Tchao-tong-fou, chef-lieu de département, sur un plateau fertile qui fournit en quantité des fruits de toutes sortes, principalement de magnifiques poires fondantes que l'on expédie jusqu'à Pékin.

Les montagnes des alentours renferment des mines de zinc et de plomb que l'on exploite pour les besoins de Se-tchuen et des provinces voisines. Ces métaux valaient ici, à l'époque de mon voyage, 7 francs les 60 kilogrammes, et le transport de cette même quantité jusqu'à Lao-ya-tan, c'est-à-dire pour un parcours de 370 lis environ, coûtait 8 francs.

Mon intention était de quitter Tchao-tong-fou le 21, et le préfet devait nous procurer des chevaux pour nous conduire jusqu'à Tong-tchouan-fou, où mourut M. de Lagrée; mais, au moment de notre départ, j'apprends que les mahométans de Ta-li occupent le passage au-dessus de cette ville qui ne peut donc plus avoir de communications avec la capitale. Immédiatement, je me rends chez le préfet, espérant que nous trouverions peut-être une autre combinaison : « Vous n'avez qu'une chance d'éviter les rebelles, me dit-il, c'est de prendre à Ouéi-ning-tchéou la route du Kouéi-tchéou; mais, pour l'atteindre, il vous faudra traverser des bois qui servent de repaire à des bandits mahométans (1). Ceux-ci occupent dans une vallée un petit village, où vous serez obligé de passer la première nuit. » Mon interlocuteur regarde cela comme très dangereux; depuis que les rebelles sont installés dans ces parages, personne n'a osé traverser leur retraite pour se rendre d'ici à Ouéi-ning-tchéou.

Malgré la désapprobation que le préfet donne à mon projet de voyage, je persiste à demander des chevaux, résolu à partir en dépit des difficultés.

Voyant que je demeurais inébranlable, il fait venir le conducteur des chevaux. Quand celui-ci, ignorant les dernières nouvelles venues de Tong-tchouan, apprend qu'il s'agit de me conduire par un chemin qu'il ne connaît pas, il s'effraie et refuse de s'engager. Cependant, comme le préfet insiste pour le décider et que je lui promets une petite récompense, il se rend à mon désir et nous partons.

(1) C'était le reste de la fameuse rébellion du Kouéi-tchéou.

II

Après avoir fait 15 lis dans la plaine, nous entrons dans le bois, où nous ne voyons pas une âme jusqu'à Lieou-chouïe-tsïn, le village mahométan situé dans un vallon charmant, à 50 lis de Tchao-tong. Les bandits qui l'occupaient depuis deux ans étaient à bout de ressources, et ils projetaient de recommencer une autre expédition, en se réunissant aux débris de la grande rébellion du Kouéi-tchéou.

Sur notre route, nous avons trouvé, à fleur de terre, du charbon en état d'être brûlé.

Nous parvenons à nous loger dans une maison du village, mais, avant de nous y laisser entrer, on nous fait déposer toute la viande de porc que nous avons dans nos provisions, et on la porte dans une demeure inhabitée de l'autre côté de la rue. Pendant que nous prenons possession du logis qu'on nous a assigné et qui est au fond d'une cour, le chef de la maison et son fils, un grand gaillard de vingt-deux à vingt-trois ans, me font mille questions sur le but de notre voyage. Ils sont persuadés que nous allons chez Tchèn, fou-taï du Yûn-nân, pour lui fournir des armes qui doivent servir à combattre leurs coreligionnaires de l'ouest; aussi ils nous regardent d'un œil soupçonneux; mais moi, payant d'audace : « Quel est donc, leur dis-je, ce Tchèn dont vous parlez? — Quoi! vous ne connaissez pas le fou-taï du Yûn-nân? — Mais non, comment voulez-vous que je le connaisse? Je suis un étranger qui arrive de Pékin, et je vais dans mon pays. On ne m'a rien dit de Tchèn; on m'a seulement parlé d'un nommé Téou-ouen-tsio, le grand chef de Ta-li, qui est en relations avec mes amis de l'autre côté du Yûn-nân. »

Cependant, mes affirmations n'ont pas l'air de les convaincre et ils sont là sept ou huit, qui regardent mes bagages d'un air de convoitise. « Ce sont des échantillons d'armes, chuchottent-ils entre eux, et il doit y avoir aussi de l'argent. » Le plus vieux s'adresse alors à moi et, pour m'intimider :

« Vous savez, me dit-il, que nous serons bientôt maîtres de la province et que les *blancs* (1) sont près d'ici. — Je sais seulement qu'avec ma carabine je puis tuer 200 personnes en moins d'un quart d'heure. Ainsi, malheur à celui qui viendra m'attaquer, fût-il blanc, noir ou rouge. » Et comme l'un d'eux, prétendant voir mon arme, en touchait le canon :

« Le premier qui s'avance, m'écriai-je, est un homme mort; après lui, je tuerai le second, puis le troisième et ainsi de suite. » Et, les tenant en joue, je les force à sortir, et je barricade les deux portes de la pièce, dont l'une donne dans une chambre voisine. De temps en temps, le fils paraît par celle-ci sous un prétexte quelconque; mais, en réalité, pour voir si je dors et pour me surprendre dans mon sommeil. Tous regardent à travers les châssis et les fentes des croisées.

Mais, assis sur mon lit, la carabine à la main, je fais bonne garde toute la nuit pen-

(1) On appelait ainsi les rebelles musulmans de Tali-fou à cause de la couleur de leurs drapeaux et de leurs vêtements.

dant que mes Chinois dorment. A trois heures et demie, les bandits, n'espérant plus me surprendre se retirent et, au point du jour, j'éveille mes hommes.

Tous les brigands reposaient. Seule, une vieille femme était levée et, confidentiellement, je lui dis pour plus de sûreté que nous étions des amis de Téou-ouen-tsio et que nous allions chez lui.

Nous cheminons toute la journée dans des bois solitaires, pour arriver le soir au petit village de Té-tan-pô. Nous trouvons les habitants ruinés par les mahométans, car une bande, plus nombreuse que celle que nous venons de quitter, habite à 15 lis de là dans un village plus grand que Lieou-chouïe-tsïn. Cette bande pille sans cesse ces malheureux. Le fils de nos hôtes a été enlevé par ces brigands, et la famille ne peut donner l'argent qu'ils réclament en échange de sa liberté. Quand ces misérables apprenaient que les infortunés avaient vendu un cochon ou quelque autre objet, ils s'empressaient d'en venir réclamer le prix et mettaient les récalcitrants en prison.

Je suis dans l'inquiétude, car je crains que les habitants de la maison, où nous avons passé la nuit précédente, n'avertissent leurs coreligionnaires et que les deux bandes ne se mettent à notre poursuite. Cependant, la neige, qui n'a cessé de tomber, me rassure un peu.

Nous poursuivons par une route toujours solitaire et nous arrivons à Ouïe-ning-tchéou, à 210 lis de Tchao-tong, situé au milieu des montagnes qui s'élèvent à 1000 mètres environ au-dessus du grand lac. Ce lac remplit tout le fond de la vallée, et cette contrée est la plus pauvre de toute la province du Kouéi-tchéou.

Le tche-tchéou (préfet de 2e rang) me dit que, très près de la voie que nous allons suivre, se trouvent des bandits, semblables à ceux que j'ai déjà rencontrés, et que depuis trois ans aucun voyageur n'a passé par Ouïe-ning-tchéou, car on considère comme impossible de faire une lieue sans être dévalisé.

III

Nous repartons le 25 janvier. A peu de distance de notre route, nous apercevons sur le haut d'une montagne un camp fortifié, où s'est retranchée une troupe de ces bandits. Mes gens tirent quelques coups de fusil pour les intimider et, comme d'autre part, nous nous approchons d'eux, ils s'imaginent que nous venons dans le but de les attaquer et ripostent à notre feu au moment où nous passons le plus près d'eux; mais leurs armes sont mauvaises, et leurs balles ne nous atteignent pas. Je leur réponds en faisant jouer mon fusil Peabody; mes hommes m'imitent, et les brigands comprennent qu'ils n'ont qu'à rester tranquilles derrière leurs murailles.

Nous atteignons Tan-tan, gros bourg autrefois fortifié et très important par ses précieuses mines de cuivre rouge. On y trouve à fleur de terre du cuivre natif et du charbon d'excellente qualité. L'abondance de ces minéraux est la même jusqu'à Sien-ouïe-tchéou, mais, à cette époque, l'exploitation de ces mines était interrompue par les rebelles qui coupaient toutes les communications et pillaient les convois. On parlait cependant de reprendre les travaux.

Le 27, nous arrivons à Sien-ouïe-tchéou dont les environs sont occupés par les rebelles.

Le 28, nous couchons à Yen-fou, dépeuplée par l'insurrection.

Le 1er mars, nous trouvons près de Cheli-pou les sources de la rivière de Canton; elles forment bientôt un ruisseau, le bras principal du Si-kiang. Après avoir arrosé la plaine de Kiu-tsïn-fou, celui-ci passe à Lang-hien puis à Pô-si, où il reçoit la rivière de Kouang-y, rivière qui vient de Sïn-shïn-tchéou; ensuite il traverse la plaine de Hami-tchéou, où il est grossi par la rivière qui sort du lac de Che-pïn et qui arrose la plaine de Lin-ngan-fou.

Nous arrivons le 2 mars à Kiu-tsïn-fou, à 220 lis de Sien-ouïe-tchéou. Cette ville, autrefois importante, est dans une riche plaine de 30 lis de large, où on cultive le riz en été et l'opium (1) en hiver. Les villages que l'on rencontre dans cette plaine sont entourés d'arbres fruitiers.

Je trouve, à Kiu-tsïn-fou, Eûl-ta-jên, frère du fou-taï du Yûn-nân. Il me prie d'attendre deux ou trois jours, afin de lui permettre d'écrire à la capitale pour annoncer mon arrivée et afin que son frère soit prévenu au cas où je courrais quelque danger. En effet les rebelles assiégeaient en ce moment la capitale. Lui-même s'efforce de m'être agréable. Il était originaire d'une tribu de Lolo, de Si-ling-hien, sur la frontière ouest du Kouang-si; puis il avait été naturalisé Chinois, lui et sa famille, en raison des services rendus par son frère, le fou-taï actuel du Yûn-nân. Né dans les montagnes, il avait conservé le caractère de ces montagnards qu'on appelle *barbares* (*ijen*); il était simple et timide.

Pour répondre à son désir je reste quatre jours à Kiu-tsïn-fou et j'en repars le 6 avec

(1) Depuis l'introduction de l'opium par les ports ouverts au commerce étranger le gouvernement chinois a dû en permettre la culture, jusque-là interdite à ses sujets.

une escorte de 30 hommes qu'il me fournit.

Au lieu de suivre la route ordinaire occupée par les rebelles de l'ouest, nous en prenons une autre, plus longue, et nous nous dirigeons vers Yé-tchéou, à l'extrémité de la vallée, et vers Leô-liang-tchéou; depuis Sien-ouïe-tchéou, nous sommes sur le vaste plateau du Yûn-nân, traversé de quelques collines peu élevées. Exceptionnellement il est tombé beaucoup de neige, qui, en fondant, rend les chemins très mauvais.

Le 8, nous couchons au petit village de Tien-ou-kouang. Les environs deviennent un peu plus accidentés.

Le 9, nous atteignons Ning-liang-hien, admirablement situé dans une plaine très riche, où coule la rivière de Canton. Cette petite ville a été prise et reprise plusieurs fois.

Dans la soirée arrive, commandée par un petit mandarin civil, une escorte de 35 hommes que le fou-taï du Yûn-nân envoie au-devant de moi et, dès le lendemain, je renvoie celle qui m'avait accompagné jusque-là.

Le 10, nous passons au village de Tantse, près d'un lac qui s'étend très loin entre les collines, et d'une source d'eau bouillante; cette source forme un ruisseau, suffisant pour faire tourner un moulin.

Nous couchons à Kïn-tien et, le lendemain 11 mars, nous arrivons enfin à Yûnnân-sèn. Nous avons fait 390 lis depuis Kiutsïn-fou.

CHAPITRE V

I. Arrivée à Yûn-nân-sèn. Investissement de la ville. — II. Deux mots sur la rébellion musulmane. — Le maréchal Mâ. — III. Les mandarins accueillent mon projet. — IV. De Yûn-nân-sèn à Han-kéou. Toujours les bandits.

I

Quand j'écris que nous arrivons à Yûn-nân-sèn, je veux dire que nous touchons presque aux portes de la ville, mais nous ne les franchissons qu'après avoir couru quelques nouveaux dangers.

La ville, en effet, est assiégée et sur le point d'être investie par les rebelles. Une seule voie d'accès est demeurée libre; elle est gardée par les Impériaux. Malgré cela, les rebelles se sont emparés de villages et de pagodes échelonnés à 4 ou 500 mètres de cette route, et de là, ils tirent sur nous. Heureusement, leurs fusils ne portent pas loin; pourtant, quelques balles sifflent à nos oreilles, et l'une d'elles vient frapper en pleine poitrine un des hommes de l'escorte du fou-taï. Ce jeune homme mourut de sa blessure le lendemain; c'était le fils d'un mandarin militaire tué lui-même par les *blancs*. Tchèn, s'intéressant à l'orphelin, l'avait pris dans son escorte personnelle et l'avait même adopté.

En arrivant à Yûn-nân-sèn, je me rends au logement que le *fou-taï* nous a fait préparer et qu'il a meublé avec des meubles, provenant, pour la plupart, de son propre palais. Intérieurement, les parois sont tendues de soie.

Le lendemain de mon entrée dans la ville, je vais voir le vice-roi, puis le *fou-taï* et tous les hauts fonctionnaires qui me font un accueil des plus bienveillants. Le jour suivant, Tchèn et les autres mandarins viennent me rendre ma visite, et le vice-roi, étant souffrant, se fait remplacer par le général Où.

Parmi les hauts fonctionnaires, maîtres du pouvoir à l'époque où nous sommes, nous nommerons, en premier lieu, le vice-roi Lieou. Nouveau venu dans la province il s'en remettait pour la direction des affaires au fou-taï Tchèn et au maréchal Mâ.

Nous dirons deux mots de ce dernier en parlant des rebelles.

Nous citerons ensuite le fou-taï Tchèn-yu-ying qui, nous l'avons indiqué plus haut, était originaire d'une tribu de Lolo, dans les environs de Si-ling-hien (frontière ouest du Kouang-si). Vers 1856, il se mit à la tête des montagnards, ses compatriotes, pour combattre les Taï-ping; il les empêcha ainsi de pénétrer dans le Yûn-nân.

Pour le récompenser de si grands services, il fut naturalisé Chinois, lui d'abord, puis toute sa famille. Enfin il arriva au grade de mandarin civil sans toutefois perdre son commandement militaire. C'est ainsi qu'un ordre de Pékin lui confia le soin de pacifier l'ouest de la province tandis que le centre et le sud-est étaient confiés au maréchal Mâ.

Ce qui donnait un attrait particulier à cette figure du *fou-taï*, c'est qu'il avait conservé quelques uns des traits de ces montagnards dont il était issu. Travailleur, tenace, cruel et très habile il n'avait cependant pas vis-à-vis des Européens la défiance habituelle des mandarins; d'ailleurs extrêmement poli et me traitant toujours de « frère aîné », je n'eus jamais avec lui que de très bons rapports.

Le 15, nous apprenons que les rebelles se sont emparés de Yang-ling et ont massacré la majeure partie de la population, qui s'était déclarée pour les Impériaux.

Une fois maîtres de cette place, les insurgés occupent, non loin de Ning-liang, la route de Yûn-nân-sèn, par laquelle nous sommes venus, et, du 15 au 30 mars, il est impossible d'avoir aucune communication avec le Se-tchuen et, par conséquent, avec le reste de la Chine.

Pourtant, les Impériaux font tout ce qu'ils peuvent pour reprendre possession de la route. Leurs soldats sont divisés en deux corps, dont l'un est commandé par le *ti-tai* (maréchal) MA, et l'autre par le *fou-taï*. De

Yûn-nân-sèn, on envoie des renforts considérables; la ville se trouve ainsi privée d'une bonne partie de ses troupes, et celles qui restent sont très mal armées. Si les rebelles avaient été assez audacieux pour l'attaquer alors, ils s'en seraient probablement emparés.

Cet état de blocus n'empêche pas mes négociations avec le *fou-taï* et le maréchal Mâ. Il est convenu que j'enverrai à tous les deux des canons, des fusils nouveau système et des munitions de toutes sortes. Je dois aussi adresser des Européens à Tchèn afin que ceux-ci enseignent aux troupes le maniement de ces nouvelles armes, et je promets aux mandarins que, grâce à ces mesures, ils ne tarderont pas à être débarrassés des musulmans de l'ouest. « Si vous suivez mes conseils, leur dis-je, d'ici trois ans toute la province sera pacifiée. »

II

Peut-être est-il bon de noter ici que la rébellion, dont il est question, a commencé vers 1855 par un conflit. Ce conflit éclata entre les musulmans et les habitants à l'occasion des mines d'or que les premiers voulaient exploiter au mépris des lois chinoises et au détriment des populations auxquelles le territoire appartenait. Tchân-sïn-gô, qui était alors *fou-taï*, fit une proclamation au peuple pour l'engager à exterminer les mahométans. Ce fut là le signal d'un affreux massacre. Il y eut 20.000 victimes dans la capitale et les faubourgs, mais les représailles furent également terribles. Mâ-hien, un musulman, né à Kouang-y, département de Lin-ngan-fou, se mit à la tête de ses coreligionnaires du sud et du centre; pénétrant dans les villes et les villages, il fit périr plus d'un million de personnes. Il se plaisait à le raconter lui même. Les Chinois étaient si épouvantés, qu'ils n'osaient se défendre.

Mâ-hien, maître d'une partie de la province, allait s'emparer de la capitale quand les Impériaux consentirent à traiter. Mâ céda à leurs propositions, mais à la condition qu'il disposerait des forces du Yûn-nân, comme garantie des promesses faites. En outre, il se chargeait d'apaiser la rébellion, car, malgré la soumission de leur chef, les musulmans de l'ouest voulaient continuer la lutte.

C'est ce même Mâ-hien qui, sous le nom officiel de Mâ-yu-long, fut nommé plus tard ti-taï du Yûn-nân. Il occupait ce poste en 1869 et c'est de lui que nous parlons sous le nom de maréchal Mâ.

Toutefois, l'état de guerre, dans lequel on vivait depuis ces événements, avait forcément interrompu l'exploitation des mines de toute nature, au grand regret des populations, et on attendait, pour la reprendre, que le calme fût rétabli.

III

Pendant tout mon séjour à Yûn-nân-sèn, j'eus de longues et fréquentes causeries avec Tchèn, qui jouissait dans sa province d'une autorité incontestée.

Nos entretiens roulaient spécialement sur l'objet qui me tenait le plus à cœur et qui se rapportait directement au but que je n'avais cessé de poursuivre. J'essayais de faire comprendre à mon interlocuteur l'importance qu'il y aurait, pour sa province, à créer une voie, qui, à travers le Tong-kïn, mettrait le Yùn-nân en communication avec la mer et, de là, avec Saïgon et les ports ouverts au commerce étranger. La réussite de cette entreprise devait diminuer, dans une large mesure, le prix de transport du cuivre.

De Mon-tze à Canton (port le plus rapproché), il était, à cette époque, de 88 francs pour 60 kilogrammes, y compris les frais de douane (1).

Le fou-taï comprenait clairement ces avantages, et, lorsque je lui parlais d'entreprendre l'exploration du fleuve qui traverse le Tong-kïn il approuvait mon projet.

Mais cette tentative était pour le moment impossible. D'abord, la présence des rebelles rendait mon voyage impraticable; puis, avant tout, pour le succès même de nos

(1) J'ajoute que, si les richesses minérales du Yùn-nân n'ont pas encore été exploitées, même aujourd'hui, c'est uniquement pour des raisons politiques, dans lesquelles je n'ai pas à entrer ici, mais qui ne doivent plus rester longtemps un obstacle sérieux.

projets, il fallait travailler à la pacification du pays, c'est-à-dire commencer par renforcer au plus vite les armements du Yûnnân. Je n'avais donc qu'une chose à faire : reprendre immédiatement le chemin d'Hankéou, afin d'exécuter les commandes que j'avais reçues.

Mais il resta convenu avec Tchèn et les autres mandarins, qui tous partageaient mes vues, que je reviendrais aussitôt que l'ordre serait rétabli, et que je m'assurerais alors s'il était possible d'établir entre Manghâo et la mer des communications suffisantes par le Tong-kïn.

En attendant, le vice-roi et le fou-taï me donnèrent des lettres de crédit pour le vice-roi des deux Kouang (Kouang-si et Kouang-tong), qui devait rembourser les armes que j'allais envoyer.

IV

Après avoir fait mes adieux aux mandarins et avoir reçu leurs cadeaux, consistant en provisions de bouche, surtout en thés du Yûn-nân et de Pou-eûl, je me remets en route le 2 avril. Deux mandarins militaires, chargés de ramener les instructeurs européens et les armements promis, et d'autres mandarins qui se rendaient à Pékin, partent avec nous. Le *foû-taï* me donne encore jusqu'à Kiu-tsïn-fou, une escorte de 30 hommes. Notre caravane est donc nombreuse.

Nous passons la première nuit à 35 lis de la capitale, au petit village de Chouïe-hètze, incendié par les rebelles quelques jours auparavant. Une pagode, dont les murailles restent seules debout, nous sert de gîte.

Arrivés à Kiu-tsïn-fou, nous retrouvons le frère du *fou-taï* qui veut absolument offrir un dîner en mon honneur. Il me donne une escorte, destinée à remplacer celle de son frère et à me conduire jusqu'aux frontières du Kouéi-tchéou.

En repassant à Tan-tan, je m'écarte légèrement de ma route pour visiter un haut fourneau de cuivre rouge, le seul qu'on eût rétabli dans ces parages; les rebelles les avaient tous détruits. Le coke qui l'alimente se fait avec du charbon de terre, extrait à quelques centaines de mètres au dessus, et le minerai se prend à côté.

Toutes les montagnes depuis Tong-tchouan-fou jusqu'à Tan-tan, d'une superficie de 500 lis de long sur 300 de large, sont très riches en minerai de cuivre.

Au village de Ko-teou, nous trouvons quelques mandarins voyageurs, que la crainte des rebelles retient ici depuis plusieurs jours. On nous dit, en effet, que des bandits, campés sur la montagne, — ceux-là même avec lesquels j'ai échangé quelques coups de feu en allant à Yûn-nân-sèn, — arrêtent les passants. Mais, décidé à ne pas m'attarder, je déclare mon intention de partir le lendemain matin, et j'invite ceux des mandarins qui le voudraient à se joindre à nous. Notre nombre intimidera les insurgés.

Ma proposition est si bien agréée, que notre caravane s'est grossie de 300 hommes, lorsque, le 17 avril, au point du jour, nous quittons Ko-teou.

Nous gravissons la montagne en suivant

une route qui passe à 400 mètres environ du camp des musulmans. Quand les rebelles aperçoivent de loin cette longue file d'hommes qui approchent, ils croient qu'on vient les attaquer et arborent leurs pavillons. Une grande agitation se produit parmi eux; nous entendons leurs cris et les encouragements bruyants qu'ils se donnent les uns aux autres. Au moment où nous passons juste en face de leur camp, ils nous envoient quelques balles; mais elles arrivent à peine jusqu'à nous, et celles que nous leur adressons ne leur laissent aucun doute sur la portée de nos armes; ils se décident à ne plus nous inquiéter.

Un certain nombre de mandarins, d'entre ceux qui s'étaient joints à nous depuis Kotcou et qui se trouvaient en queue de la colonne, s'arrêtent aux premiers coups de feu des musulmans, tandis que la tête de la caravane continue d'avancer. Nous voyant déjà loin, ils n'osent plus passer devant le camp : je fais alors volte-face avec mes gens pour les chercher, et ils reprennent leur chemin sous notre protection. Pendant cette petite manœuvre, les bandits ne bronchent pas.

Le 17 mai, nous arrivons à Oučí-ning-tchéou, où j'apprends que les brigands de Lieou-chouïe-tsïn, chez lesquels nous avons passé une nuit, se sont réunis à d'autres bandes et continuent leurs brigandages. Ils n'ont pas encore quitté les environs; mais ils rayonnent de Ouéi-ning-tchéou à Tchao-tong, où ils pillent tous les voyageurs.

A Ouéi-ning-tchéou, nous continuons à suivre la route mandarine, qui va directement du Yûn-nân au Se-tchuen. C'est le véritable chemin pour aller à Pékin. On se rappelle que l'insurrection nous avait empêchés de le prendre en venant.

Sans m'attarder à le décrire, je dirai seulement qu'il me ramena à Han-kéou, où j'arrivai le 21 mai 1869.

CHAPITRE VI

I et II. Voyage à Canton. Deuxième voyage au Yûn-nân. Les premiers effets de la pacification. — III. Approbation des autorités du Yûn-nân en faveur de mon projet. Refus d'ajourner mon voyage. — IV. Du camp du maréchal Mâ jusqu'au Fleuve Rouge. Lào-kaï. — V. Pavillons Noirs et Pavillons Jaunes. — VI. Retour auprès du maréchal. — VII. Je rends compte de ma mission. Enthousiasme général. Négociations et retour à Han-kéou.

I

Je ne m'arrêtai à Han-kéou que quarante-huit heures, c'est-à-dire le temps de faire mes visites, et je partis pour Canton dans le but d'encaisser l'argent que le vice-roi de la province devait me remettre pour le compte des mandarins du Yûn-nân.

Je trouvai précisément à Canton, sur les canonnières du vice-roi, deux canonniers brevetés : un français, M. Moren et M. Cyriaque, un grec qui avait fait partie du corps

5.

franco-chinois. Je les emmenai à Han-kéou pour les envoyer au fou-taï comme instructeurs. Ils partirent, en effet, avec les deux mandarins du Yùn-nân, auxquels je remis les armements demandés.

En juin 1869, j'avais aussi engagé à Hankéou M. Émile Rocher, qui devint plus tard consul à Mon-tze (1); mais, comme il désirait se perfectionner dans l'art de la fonderie, je l'engageai à aller compléter ses études à l'arsenal de Fou-tchéou, créé par MM. Giquel et d'Aiguebelle. Je ne l'emmenai donc avec moi au Yùn-nân que l'année suivante.

II

Les armes et les instructeurs envoyés au Yùn-nân avaient fait merveille, et l'insurrection était presque étouffée, lorsque, le 15 octobre 1870, je quittai Han-kéou, bien fermement résolu cette fois à explorer le Tong-kïn.

(1) M. Rocher fut chargé en 1895 de diriger la mission Lyonnaise dans l'Extrême-Orient. Il vient de rentrer à Paris.

Deux autres mandarins du Yûn-nân envoyés par le fou-taï et par le ti-taï pour chercher celles des armes que je n'avais pu expédier la première fois, ainsi que M. Rocher, partirent aussi en même temps que moi.

J'adressai plus tard au Yûn-nân M. Fargeau, maître fondeur, M. Bégault, maréchal des logis chef d'artillerie de marine, et M. Légier, canonnier breveté.

En sortant d'Han-kéou, nous avons remonté le Yang-tsé jusqu'à Tchong-kïn. Cette voie ayant été décrite par plusieurs voyageurs qui ont visité le Se-tchuen à diverses époques, il me semble inutile d'y revenir ici.

A Tchong-kïn, où j'arrivai le 8 décembre, j'allai voir tous mes anciens amis. On nous invita le 11 à un banquet offert aux licenciés qui se rendaient à Pékin pour passer leur doctorat. Les routes étant interceptées par les rebelles, ces examens n'avaient pas eu lieu depuis longtemps; aussi les candidats étaient-ils plus nombreux que d'habitude. Il y en avait de tout âge, notamment un vieillard de soixante-treize ans ; d'autres paraissaient avoir de quarante à cinquante ans.

Pendant mon séjour à Tchong-kïn, j'eus le plaisir de rencontrer le général Lieou-ta-jen, sous les ordres duquel servait Mesny, déjà cité plus haut et dont les services étaient très appréciés du général. Ce dernier était de passage, de retour du voyage qu'il avait fait pour présenter ses hommages au vice-roi du Se-tchuen.

Nous quittons Tchong-kïn le 20 décembre. Nous suivons le Yang-tsé jusqu'à La-ki, puis la petite rivière de Yuen-ning-hô, et à Yuen-ning-hien nous prenons la voie de terre.

Notre caravane, qui se compose de 100 coolies et de 150 chevaux, est trop nombreuse pour que nous puissions trouver facilement des gîtes suffisants. Aussi sommes-nous divisés en trois groupes, puis en deux seulement, à partir de Ouéi-ning-tchéou.

Cette route est celle que j'avais déjà prise lors de mon retour de Yûn-nân-sèn ; mais, cette fois-ci, je la trouvai complètement débarrassée des rebelles.

En effet, une expédition générale avait été organisée contre eux à la suite du vol d'un convoi d'argent pour le Yûn-nân et de l'assassinat du mandarin qui l'accompagnait. Peu de temps après mon dernier passage, les bandes de pillards mahométans, que nous avons déjà appris à connaître mais qui n'avaient rien de commun avec la rébellion organisée, — sauf peut-être qu'ils profitaient des désordres de la guerre pour se livrer à leurs brigandages, — tous ces groupes, s'étaient réunis au nombre d'environ 4.000 hommes. Ils allaient se ravitailler du côté du Se-tchuen et ils se dérobaient toujours si bien dans les montagnes qu'il était impossible de les prendre. Le Se-tchuen et le Yûn-nân s'entendirent donc pour exterminer ces malandrins. Les soldats du Yûn-nân n'avaient d'autre expédient, pour en finir, que d'aller détruire les repaires et d'emmener prisonniers les femmes et les enfants. Les armes que j'avais envoyées furent d'un grand effet dans cette équipée que conduisit le fou-taï en personne.

Je pus constater, lors de mon passage,

les bons résultats de cette battue. Là, où auparavant il n'y avait que des terres incultes et désolées, s'étendaient à cette heure des champs de maïs, de pommes de terre et de sarrasin, sillonnés de chemins paisibles.

Des mesures également énergiques, ainsi que le nouveau matériel de guerre et les instructeurs envoyés au Yûn-nân avaient obtenu déjà des succès importants contre la grande rébellion musulmane, lorsque, le 31 janvier 1870, je me retrouvai dans la capitale du Yûn-nân. L'insurrection était aux trois quarts détruite dans la province et on cernait sérieusement les rebelles du côté de Ta-li, la capitale de Téou-ouen-tsio et le centre de tout le soulèvement.

Je dois ajouter que, dans le sud-est, des rébellions partielles étaient nées de la grande révolte. Quelques peuplades, après s'être défendues elles-mêmes contre les musulmans, s'étaient constituées en petits États indépendants et refusaient de reconnaître l'autorité impériale. Mais ces groupes réfractaires ne tardèrent pas à faire leur soumission.

III

En arrivant à Yûn-nân-sèn, je ne trouvai d'entre les trois hauts fonctionnaires que le seul vice-roi. Il me fallut donc aller rejoindre le fou-taï devant Tchïn-kiang, dont il dirigeait le siège. J'emmenai avec moi M. Rocher pour le présenter à Tchèn.

Dès mes premières entrevues avec le fou-taï, il fut de nouveau question dans nos causeries des richesses minéralogiques du pays, et je rappelai que le but de mon voyage était uniquement de tenter l'exploration du Tong-kïn. Tout en étant favorable à mes desseins, mon interlocuteur s'efforçait de m'en faire ajourner l'exécution, m'objectant que la plupart des contrées que j'avais à traverser ne reconnaissaient pas encore l'autorité de la capitale; par conséquent ses lettres de recommandation ne me seraient d'aucune utilité, mais dans un an, tous ces pays auraient de gré ou de force fait leur soumission. Attendez donc, me disait-il, la complète pacification, et alors avec les escortes que nous vous donnerons, ce voyage sera pour vous beaucoup moins périlleux. » Mais, à toutes ces raisons, j'opposais ma ferme intention de partir immédiatement malgré les obstacles.

Je pris congé de Tchèn et, après avoir passé de nouveau dans la capitale, je m'acheminai sur Tong-kéou près du lac Tong-haï et sur la route même du Tong-kïn. Cette localité était assiégée par le maréchal Mâ.

Pendant mon premier séjour à Yûn-nân-sèn, j'avais eu très peu de relations avec le maréchal. D'abord le fou-taï, très jaloux de ses prérogatives, voulait tout faire par lui-même; c'est ce qui m'empêcha d'entrer dans une grande intimité avec Mà, ti-taï. N'oublions pas que l'ancien chef de la résistance musulmane était, à l'époque de mon précédent voyage dans une situation assez pénible, par suite de la défection d'une partie de ses troupes qui venaient de passer dans le camp de Téou-ouen-tsio. En 1870, il commençait, par exemple, à recouvrer tout son prestige.

Me voyant résolu à me rendre auprès du

maréchal, Tchèn écrivit dans ce sens à celui-ci : « M. Dupuis veut absolument aller « immédiatement au Tong-kïn, malgré le « danger qu'il y rencontrera ; faites vos ef- « forts pour le convaincre d'ajourner et, s'il « lui arrive quelque chose, c'est vous qui « en aurez la responsabilité. »

Le ti-taï ne me cacha pas qu'il était très partisan de mes projets. Mais désirant agir suivant les vues de Tchèn, il me conseillait d'attendre pour effectuer mon voyage.

Alors, j'essayai encore d'un autre côté : J'envoyai au vice-roi mon secrétaire Ouang, chargé d'obtenir des lettres de recommandation. J'ai dit plus haut que le vice-roi était nouvellement arrivé dans la province et peu au courant des affaires ; j'espérais que ce serait précisément une chance de succès. Mais, probablement, des avertissements de Tchèn avaient précédé mon message, car je ne pus rien obtenir de ce côté non plus.

Le vice-roi répondit à Ouang que, dans tout le parcours du voyage projeté, je ne traverserais pas un seul pays reconnaissant l'autorité de la capitale, et que, dans ces conditions, ses recommandations me seraient plutôt nuisibles qu'utiles.

En même temps, le vice-roi écrivait au titaï de me retenir le plus longtemps possible auprès de lui, car, disait-il : « Si M. Dupuis « partait avant la pacification du pays et qu'il « lui arrivât malheur, les étrangers ne man- « queraient pas de me reprocher de l'avoir « laissé s'exposer imprudemment. » Il finissait, comme le fou-taï, en disant au ti-taï : « Si vous ne parvenez point à le détourner « de son voyage, c'est sur vous que je lais- « serai peser toute la responsabilité. » En outre, afin de donner plus d'importance à sa lettre, il dépêcha vers le maréchal un mandarin particulier, chargé de la commenter de vive voix, en insistant sur la gravité de son contenu.

MÂ usa de tous les moyens pour suivre les intentions du vice-roi, et l'intérêt qu'il me témoigna en cette circonstance me toucha profondément.

Mais rien ne put me persuader : J'étais décidé à juger des difficultés par moi-même.

Mon secrétaire Ouang, partageant l'avis du vice-roi et du maréchal, joignait ses supplications aux leurs pour me faire retarder mon voyage. En effet, ils ne voulaient obtenir qu'un simple ajournement, car tous approuvaient grandement mon projet.

Enfin, en dépit de leurs objections, je fis mes préparatifs de départ.

Au moment où j'allais prendre congé de Mâ, celui-ci, comprenant que j'étais inébranlable, revint sur sa détermination et me donna quelques lettres pour des hommes qui étaient ses adversaires mais qui avaient été ses amis et qui peut-être s'en souviendraient. C'étaient les chefs de Tong-haï, d'Ha-mi-tchéou, de Ta-tchouang et de Mon-tze. Il m'en donna aussi pour le chef des Paï-y de Sïn-kaï.

Enfin, il me fit accompagner d'une escorte de 30 hommes, commandée par un petit mandarin militaire, et il m'adjoignit en outre un mandarin civil chargé de le représenter, et dont l'expérience pouvait me servir, car il avait visité Sïn-kaï, sur la frontière du Tong-kïn.

IV

Ainsi accompagné, je me mis en route.

J'ai déjà publié plusieurs fois l'itinéraire de ce voyage avec tous ses détails, entre autres, dans le *Bulletin de la Société de Géographie* des mois de juillet et août 1877, et on a pu voir quelles étaient les immenses richesses minérales de ce pays. Je n'y reviendrai donc pas dans ce volume.

A Mon-tze, je laisse l'escorte du maréchal Mâ, ainsi que mon secrétaire Ouang et mon personnel, qui ne veulent pas aller plus loin. Au delà de cette ville, la dernière importante du Yûn-nân, ce n'était plus pour eux la Chine, c'était l'inconnu. Ils auraient encore pu aller jusqu'à Mang-hâo et y attendre mon retour; mais les fièvres qui règnent dans cette ville et la proximité des rebelles de Lâo-kaï les effrayaient; ils préférèrent donc de toutes manières rester à Mon-tze.

Je continue sans eux ma route vers le Fleuve Rouge, suivi du mandarin civil représentant le maréchal Mâ, d'une escorte de

80 hommes et de deux guides que m'a donnés Tchang-lâo-pan, le chef de Mon-tze.

A Mang-hâo, nous nous embarquons sur le Fleuve Rouge et nous descendons jusqu'à Sïn-kaï, où je m'arrête pour entretenir Yang-ming, ancien ami de Mâ et chef des Paï-y; de la vallée du Fleuve Rouge, depuis Mang-hâo jusqu'à Lâo-kaï. — C'était dans cette région que nous avions résolu de commencer l'exploitation des mines; aussi je voulais intéresser Yang-ming à notre entreprise et lui démontrer le grand avantage qui en ressortirait pour le pays placé sous son commandement.

A Lâo-kaï, je m'arrête encore pour voir le chef des Pavillons Noirs, Lieou-yuen-fou, celui-là même avec lequel la France eut plus tard des démêlés. — Après lui avoir dit que j'avais reçu des mandarins du Yûn-nân la mission d'explorer le Fleuve Rouge, afin d'ouvrir une voie de communication entre leur province et la mer, je m'efforçai de lui faire comprendre que, sans chercher comment il était devenu le chef de la contrée, nous lui assurerions à lui et aux siens le moyen de vivre d'une façon régulière. Nous procurerions du travail à tous, mais à la condition qu'il ne mît aucun obstacle au libre parcours du Fleuve Rouge, sur le territoire placé sous sa domination. Par exemple, si lui et ses partisans cherchaient à contrarier nos desseins, on les ferait disparaître, dût-on occuper Lâo-kaï. J'insistai sur ce point que, depuis quelque temps, le fou-taï avait résolu de prendre cette ville, car il était las des brigandages des Pavillons Noirs, mais que notre projet d'ouvrir le Fleuve Rouge avait modifié ses intentions. J'étais donc chargé de lui dire de la part des mandarins du Yûn-nân que si lui et les siens rentraient dès aujourd'hui dans le devoir, ils rachèteraient ainsi leurs anciens méfaits. Le fou-taï lui-même demanderait leur grâce à Pékin, et il se faisait fort de l'obtenir. Alors ils pourraient revenir dans la patrie, et leurs cendres reposeraient à côté des cendres de leurs ancêtres.

Lieou-yuen-fou n'avait pas au fond grande envie de changer d'existence; mais, forcé pour ainsi dire de se rendre à mes raisons, il me promit de se conformer aux intentions des autorités du Yûn-nân.

V

Il serait bon, avant d'aller plus loin, d'établir en deux mots l'origine et la condition actuelle des groupes rebelles dont il vient d'être question.

Les Pavillons Noirs étaient une ancienne bande des Taï-ping, que le fou-taï avait autrefois combattus dans le Kouang-si et qui s'était réfugiée au Tong-kïn, sous la conduite d'un de leurs principaux chefs, nommé Oua-tson. A la tête de 3 ou 4.000 hommes, celui-ci parcourut la partie nord-est jusqu'au Fleuve Rouge et campa plus d'un an sur la rive gauche du fleuve vis-à-vis d'Ha-noï. Il mourut en 1866.

Ses deux lieutenants, Lieou-yuen-fou et Hoang-tsong-ïn contraints après sa mort de fuir devant les troupes du Kouang-si et du Kouang-tong, envoyées à leur poursuite, remontèrent le fleuve jusque chez les sauvages indépendants et s'établirent dans leurs forêts.

Bientôt après, Lieou-yuen-fou et Hoang-tsong-ïn allèrent mettre le siège devant Lâo-kaï, alors entre les mains de Hô-yen-fan, chef cantonnais, qui, depuis neuf ans, s'était rendu maître de la ville, avec le concours des cantonnais de Mang-hâo.

Après avoir pris Lâo-kaï, vers la fin de l'année 1868, Lieou-yuen-fou, chef des Pavillons Noirs, resta en possession de cette ville, et Hoang-tsong-ïn, chef des Pavillons Jaunes, choisit pour sa résidence Hô-yang, sur la Rivière Claire (1).

Les Pavillons Jaunes cherchèrent dans leur pays d'adoption à vivre en bonne intelligence avec les montagnards et établirent chez eux des postes, pour les protéger contre les dévastations des bandits. Ils espéraient d'ailleurs obtenir un jour leur grâce et rentrer en Chine.

Quant aux Pavillons Noirs, ils se firent craindre par leurs exactions et enrôlèrent une foule de gens de toute espèce, tous pirates et bandits.

(1) Les Pavillons Noirs et les Pavillons Jaunes devaient leur nom aux couleurs noire et jaune de leurs pavillons et de leurs vêtements respectifs.

Les Pavillons Noirs et les Pavillons Jaunes ne vécurent pas longtemps en bonne intelligence. Les revenus des douanes, établies sur le Fleuve Rouge et la Rivière Claire, devaient être partagés entre les deux chefs; mais, comme les revenus de LÂo-kaï étaient plus considérables que ceux de Hô-yang, Lieou-yuen-fou voulut tout garder pour lui et ne plus rendre de comptes. La question s'envenima bientôt entre les deux chefs, et Hoang-tsong-ïn vint attaquer LÂo-kaï. Ne pouvant s'en emparer d'assaut, il fit établir un camp à Touen-hia, sur le Fleuve Rouge, en aval, pour couper aux Pavillons Noirs toute communication avec le Tong-kïn et éteindre leurs revenus.

Les détails qui précèdent montrent donc bien que Pavillons Noirs et Pavillons Jaunes n'étaient rien autre que des rebelles qui avaient toujours à craindre les représailles du fou-taï, sans compter que celui-ci avait à venger contre eux une vieille rancune personnelle. Donc, si à mon retour auprès de Tchèn, je lui trouvai des dispositions pacifiques, s'il renonçait à venir mettre le siège devant Lâo-kaï, c'était uniquement grâce à mon intervention, au rapport que je lui fis de leurs dispositions et aussi à l'intérêt que présentait pour tous l'ouverture du Fleuve Rouge au commerce.

VI

Après mon entrevue avec Lieou-yuen-fou, je continue à redescendre le fleuve jusqu'à Touen-hia, où, comme on vient de le voir, les Pavillons Jaunes avaient établi leur camp.

Je tins aux Pavillons Jaunes le même langage qu'aux Pavillons Noirs; mais je les trouvai beaucoup mieux disposés que ceux-ci pour nos projets. Hoang-tsong-ïn me chargea de dire aux mandarins du Yûn-nân que lui et les siens se mettaient entièrement à notre disposition; tous seraient heureux de rendre des services à leur pays et de mériter ainsi d'être réhabilités. En les voyant dans ces bons sentiments, je les assurai de nouveau de toute l'indulgence du vice-roi et du foutaï.

Les ayant quittés, je poursuis ma route jusqu'à l'endroit où est établi aujourd'hui le poste de Yen-bay, c'est-à-dire à 15 milles des avant-postes annamites de Kouen-ce.

M'étant assuré que, de ce point à la mer, la navigation ne rencontre plus d'obstacles, je remonte le fleuve.

A Mon-tze, je retrouve mon escorte, mon secrétaire Ouang et mon personnel, et, par la même voie, je gagne directement le camp du maréchal MA, encore à Tong-kéou ; le siège de cette ville n'était pas terminé.

VII

Lorsque je rendis compte de ma mission au ti-taï, je lui certifiai que le Fleuve Rouge était navigable jusqu'à LAo-kaï pour des bateaux à vapeur de faible tirant d'eau, pourvu que l'on fît quelques travaux de dérochement qui faciliteraient cette navigation, travaux auxquels les Pavillons Jaunes ne demanderaient pas mieux que de se prêter. Il y eut alors, dans tout le camp du maréchal MA un véritable transport d'enthousiasme.

J'avais, du reste, rencontré ce même enthousiasme le long de ma route depuis Sïn-kaï jusqu'à Tong-kéou, car tous les chefs comprenaient quelle période prospère allait commencer pour leur pays.

Comme le maréchal MÂ me demandait quels moyens je comptais employer pour ouvrir le fleuve au commerce et protéger la nouvelle voie, je lui fis part de mes vues à ce sujet et nous tombâmes facilement d'accord.

Le lecteur comprendra pourquoi il fallait que je m'entendisse tout d'abord avec MÂ, s'il se souvient — comme nous l'avons dit plus haut — qu'un ordre de Pékin avait partagé entre le fou-taï et le ti-taï l'œuvre de la pacification du pays. Tchèn s'occupait de l'ouest, et MÂ, du centre et du sud-est, depuis la capitale jusqu'à la frontière.

N'oublions pas que le pacificateur d'une province avait droit aux revenus de la contrée, car il était désormais un conquérant qui rendait à l'État un territoire perdu. Or, telle était la situation du ti-taï par rapport au sud-est du Yùn-nân. Ma mission me portait précisément vers cette dernière région.

Je devins, en conséquence, plus spécialement le fondé de pouvoirs du maréchal. Son pavillon flottait aux mâts de mes navires, bien que d'ailleurs je fusse aussi l'agent du vice-roi et du fou-taï, c'est-à-dire du Yûn-nân tout entier.

Mâ désirait beaucoup pouvoir m'accompagner lui-même à Yûn-nân-sèn, ce qui aurait facilité notre entente avec les autres mandarins et, dans cet espoir, je prolongeai mon séjour auprès de lui. Mais, comme le siège traînait en longueur, je me résolus enfin à prendre seul le chemin de la capitale.

Les autorités de la ville me témoignèrent leur satisfaction, et, sans aucune difficulté, le vice-roi et le fou-tai acceptèrent tout ce qui avait été convenu entre le ti-taï et moi.

En conséquence, je reçus des pouvoirs en règle, revêtus des sceaux de ces trois hauts fonctionnaires; ils m'autorisaient, comme représentant du Yûn-nân, à organiser une expédition dont le commandement m'était dévolu, et ils m'accréditaient auprès du royaume d'An-nam, vassal de la Chine, pour ouvrir le Fleuve Rouge au commerce.

Aux termes de la convention, passée entre les mandarins du Yûn-nân et moi, je devais recevoir pour les frais de mon expédition :

1° Une certaine somme en argent,

2° L'argent étant rare dans la province épuisée par la guerre, 10.000 piculs d'étain, soit 600.000 kilogrammes.

En outre, les autorités me chargeaient de vendre pour leur compte, à valoir sur les frais de l'expédition, 12.000 piculs de cuivre, que l'on tiendrait à ma disposition sur le bord du fleuve, après l'ouverture de la nouvelle voie.

En effet, vu la pénurie où se trouvait le Yûn-nân, Pékin venait d'autoriser exceptionnellement l'exploitation des mines en faveur de cette province. On m'accordait une large part dans cette exploitation et on me confiait le soin d'acheter le matériel et d'engager pour les travaux des mines un personnel à mon choix : ingénieurs, contremaîtres, etc...

En résumé, on acceptait toutes mes propositions et on me laissait absolument carte blanche pour l'ouverture du Fleuve Rouge et pour assurer sa protection contre les attaques, de quelque côté qu'elles vinssent.

Ce traité, très avantageux pour moi, n'était pas sans certains risques. Je devais hasarder toute ma fortune, et au delà, dans les dépenses d'une expédition; je me rendais responsable du nombreux personnel qui devrait me suivre dans une entreprise dangereuse.

Comme il fallait encore de nouveaux armements pour en finir avec la rébellion musulmane, il fut convenu que le premier convoi d'armes que j'enverrais suivrait la nouvelle route.

Je n'avais plus qu'à faire mes visites de départ et à me préparer pour mon expédition. Je quittai Yûn-nân-sèn le 9 octobre 1871, pour reprendre la route d'Han-kéou, où j'arrivai le 15 décembre, après m'être arrêté quelque temps à Tchong-kïn, afin d'y terminer mes affaires avec le Kouéi-tchéou et le Se-tchuen.

CHAPITRE VII

I. A Paris : au Ministère de la Marine. — II. Instructions du Ministre de la Marine au Gouverneur de la Cochinchine. — III. Passage à Saïgon. Entente avec le général d'Arbaud. — IV. Flottille et personnel.

I

Désormais, j'étais libre d'organiser de suite mon expédition; mais mon but immédiat était, avant tout, de faire de mon entreprise une œuvre essentiellement française, et cela, dans des conditions que l'on verra tout l'heure.

Le moment était donc venu de soumettre mes projets au Gouvernement, aussi je ne passai que trois ou quatre jours à Han-kéou, c'est-à-dire le temps strictement nécessaire pour mettre un peu d'ordre dans mes intérêts, et je descendis à Chang-haï où je pris le courrier de France.

Au commencement de 1872, j'étais à Paris pour faire part de mes desseins et de mes conventions avec les autorités du Yûn-nân au Ministre de la Marine, l'amiral Pothuau.

Le Ministre me fit un accueil bienveillant et voici en substance ce qu'il me répondit : « Dans la situation présente de la France, occupée par les armées allemandes, nous ne pouvons que faire des vœux pour le succès de votre entreprise. Sans intervenir officiellement ni pour ni contre dans cette affaire, nous ferons officieusement tout ce que nous pourrons pour vous aider. Si vous éprouvez de la résistance et si vous croyez être assez armé pour passer outre, frayez-vous un passage par la force ; seulement, si vous ou vos gens êtes tués, nous n'interviendrons pas pour vous venger. »

Toutefois, j'obtins du Ministre qu'un navire de l'État serait mis à ma disposition pour me conduire, sous pavillon français, de Saïgon à Hué, capitale de l'An-nam. Je désirais communiquer mes pouvoirs au gouvernement annamite, lui faire connaître mon titre de mandataire des autorités du Yûn-nân et m'entendre avec lui au sujet du passage par le Tong-kïn et de l'ouverture de la nouvelle voie commerciale.

J'obtins aussi sans difficulté du Ministre de la Guerre l'autorisation de commander dans des fonderies et manufactures françaises les canons, les armes et les munitions dont j'avais besoin pour mon expédition.

Dès mon arrivée à Paris, j'étais allé rendre visite à mon vieil ami Eugène Simon, espérant l'intéresser dans mon affaire et peut-être même l'emmener avec moi. Malheureusement, depuis moins de quinze jours, il était parti pour l'Australie.

A cette époque, M. Millot, négociant français que j'avais connu à Chang-haï et parent de M. Delaunay (1) directeur de l'Observatoire de Paris, se trouvait dans cette ville. Il me témoigna le désir de se joindre

(1) Je tiens ici à rendre hommage à la mémoire de M. Delaunay, lequel, ayant compris de suite la portée de notre expédition pour les intérêts de la France, fit pour nous des ouvertures auprès du Ministre de la Marine par l'intermédiaire de son ami l'amiral Krantz, chef de cabinet du ministre.

à moi dans mon expédition, et je lui donnai rendez-vous à Saïgon pour le mois de septembre. M. Millot (1) fut bien connu plus tard comme ayant fait partie de mon expédition.

II

Le 9 avril 1872, ayant terminé tous les achats du matériel nécessaire, j'allai prendre congé du Ministre de la Marine. Celui-ci me fit connaître, par la lettre ci-après, qu'il donnait à mon sujet des instructions au général d'Arbaud, gouverneur par intérim de la Cochinchine, à la place de l'amiral Dupré, en congé.

Paris, 9 avril 1872.

« M. Dupuis, à Paris,

« Vous m'avez demandé l'autorisation de prendre passage, à charge de rembourse-

(1) Malheureusement nous avons eu le regret de le perdre le 29 mai 1891 à Ben-thuy (An-nam) et d'être ainsi privé du concours d'un collaborateur dévoué.

ment, sur une canonnière de la station navale de Cochinchine pour vous rendre à Hué, afin d'obtenir du gouvernement annamite l'autorisation d'emprunter son territoire pour l'établissement d'une ligne de bateaux à vapeur, qui mettrait en communication notre établissement de Saïgon avec la province du Yûn-nân, en traversant le Tong-kïn.

« J'ai l'honneur de vous informer que j'écris au Gouverneur p. i. de la Cochinchine française, en l'invitant à vous prêter le concours que vous réclamez, s'il n'en doit résulter aucun inconvénient pour les intérêts dont il a la sauvegarde.

« Recevez, Monsieur, l'assurance de ma considération distinguée. »

« Le vice amiral, Ministre de la Marine et des Colonies.
« Pour le Ministre et par son ordre,
« Le Directeur des Colonies.

« *Signé :* ZÆPFELL. »

En même temps, le Ministre adressait au gouverneur de la Cochinchine une dépêche ainsi conçue :

Paris, le 9 avril 1872.

« Monsieur le Gouverneur,

« M. Dupuis, qui m'est particulièrement recommandé, aurait réussi, avec l'aide des autorités chinoises de la province du Yûn-nân et l'appui des chefs des différentes tribus, qui occupent les territoires compris entre le Céleste Empire et le royaume d'Annam à découvrir un passage navigable pour des bateaux à vapeur, mettant en communication le golfe du Tong-kïn et la riche province dont il vient d'être question.

« Le commerce de l'Europe avec cette partie reculée de l'Empire chinois est resté jusqu'ici sans développement, en raison des difficultés de communication. M. Dupuis, en découvrant une voie d'accès facile à des steamers et conduisant jusqu'au cœur du Yûn-nân, aurait aplani les difficultés.

« Ce voyageur aurait déjà noué des relations avec les autorités du Yûn-nân et trouvé les fonds nécessaires à l'établissement d'une ligne de bateaux à vapeur, qui, en six ou sept jours pourrait relier Saïgon à la capitale du Yûn-nân. Pour suivre son entreprise, il doit se rendre à Hué, afin d'obtenir du gouvernement annamite le droit de passage sur son territoire, et, comme il n'y a de communication régulière avec cette capitale que par les navires de guerre français, il demande notre concours, en offrant de payer les frais occasionnés par une canonnière, sur laquelle il prendrait passage pour ce voyage. Dans ces conditions, et sous cette réserve spéciale, et considérant l'importance attachée à la réussite de ce projet, je vous prie de vouloir bien lui prêter tout votre concours et mettre à sa disposition les moyens de se rendre à Hué.

« Le vice-amiral,
Ministre de la Marine et des Colonies.

« *Signé :* POTHUAU. »

III

Le 15 mai 1872, j'étais de passage à

Saïgon, rentrant en Chine. Dans une entrevue que j'eus avec le général d'Arbaud, je reçus l'assurance qu'un navire de guerre serait mis à ma disposition pour me conduire à Hué, à l'époque que je désirerais, pourvu que je le prévinsse par dépêche quelques jours à l'avance.

Je rentrai chez moi à Han-kéou et, le moment venu, je m'occupai de l'achat des navires susceptibles d'être armés en guerre, afin de me tenir prêt pour le mois de septembre, époque à laquelle mon matériel devait arriver de France.

Le 12 septembre, je me trouvai de nouveau à Saïgon. Un court séjour dans cette ville suffit pour me convaincre que le pavillon français était une mauvaise recommandation auprès de Tu-duc. En effet, les Annamites se refusaient toujours à reconnaître l'occupation de la France et entretenaient contre nos possessions un état permanent d'hostilité.

Ceci m'avait, du reste, été affirmé par M. Legrand de la Liray, interprète officiel du gouvernement. Avant de remplir ses fonctions d'interprète, il avait fait un séjour de quinze ans au Tong-kïn en qualité de missionnaire; il était donc très au courant de nos relations avec les Annamites. Il me signala l'insolence de ceux-ci depuis les événements de 1870, et il me dissuada de me rendre à Hué sous pavillon français.

Le commandant du *Bourayne,* M. Senez, et le Directeur de l'Intérieur, M. de Montjon, s'étaient ralliés au même avis.

Après avoir conféré à ce sujet avec le général d'Arbaud, je pris la résolution de retourner à Hong-kong, sans passer par Hué, et de gagner directement le golfe du Tong-kïn à la tête de mon expédition. Toutefois, il fut convenu qu'un navire de guerre croiserait, à tout événement, sur les côtes du Tong-kïn, dans les parages de Haï-phong, où nous nous étions donné rendez-vous.

« Vous ne serez pas abandonné, m'avait dit au dernier moment le général d'Arbaud; chaque mois, j'enverrai un navire pour entrenir des communications avec vous. »

Il me demandait seulement de le prévenir par dépêche, lors de mon départ de

Hong-kong, afin que l'arrivée du *Bourayne*, sur les côtes du Tong-kïn pût coïncider avec la mienne.

IV

Retournant une dernière fois à Hong-kong, où mon matériel commençait à arriver de France, je terminai mes préparatifs de départ, complétant l'armement de mes navires et recrutant mon personnel.

Mon expédition comprenait deux canonnières à vapeur, le *Hong-kiang*, commandé par le capitaine Georges Vlavianos, et le *Lào-kaï*, commandé par le capitaine d'Argence, plus une grande chaloupe à vapeur, le *Son-tay*, commandé par le capitaine Brocas, et une grande jonque chinoise, armée en guerre et chargée du matériel.

Un bateau à vapeur de rivière à roues, ayant un faible tirant d'eau, le *Mang-hào*, devait rejoindre l'expédition un peu plus tard au golfe du Tong-kïn.

L'armement complet se composait de 24 pièces rayées de 16, de 12 et de 4; j'avais, en outre, muni mes équipages de fusils chassepots et de revolvers.

Le personnel de l'expédition comprenait 27 Européens et 125 Asiatiques de toutes nationalités.

J'emmenais en outre le mandarin Ly-tan-sun, dont j'ai déjà parlé au commencement de mon premier voyage au Yûn-nân et que nous désignerons désormais par son titre Ly-ta-lâo-yé, c'est-à-dire Ly, mandarin supérieur. Lui-même était suivi d'un secrétaire et d'un personnel particulier. Il m'avait été adjoint comme représentant des autorités chinoises vis-à-vis des Annamites et des Chinois.

Je pris passage avec M. Millot sur le *Lâo-kai*.

CHAPITRE VIII

I. A bord du *Bourayne*. Le commandant Senez et Ly-tuong, le commissaire royal. — II. Rapport du commandant Senez au Ministre de la Marine. — III. Départ du *Bourayne*. Entrevue avec Ly-tuong. Fourberie et dissimulation. — IV. De Haï-phong à Ha-noï. Première entrevue avec les mandarins. — V. Les « brigands de Saïgon ». Intervention du général Tchèn. Départ pour le Yûn-nân.

I

Le 26 octobre 1872, l'expédition quittait Hong-kong pour le Tong-kïn.

Le 9 novembre, nous jetons l'ancre dans le Cua-nam-trieu, d'où nous apercevons la mâture du *Bourayne*, mouillé dans le Cua-cam, une des branches du Thaï-binh. Le 18, nous allons prendre terre au-dessus de lui, vis-à-vis l'emplacement actuel de Haï-phong où il n'y avait alors qu'un lit de vase recouvert à marée haute, et en face d'un fortin

7.

en terre élevé au confluent du Son-tam-bac et du Cua-cam et destiné à défendre l'entrée de ce bras du fleuve.

Je passe toute la journée de notre arrivée à conférer avec M. Senez, commandant du *Bourayne*. Dans l'intervalle, il envoie ma chaloupe, le *Son-tay*, pour inviter le commissaire royal Ly-tuong, gouverneur des trois provinces maritimes et résidant à Quang-yèn.

Dès le lendemain, à 9 heures, le *Son-tay* revient remorquant deux jonques qui amenaient Ly avec son personnel.

Le *Bourayne* est aménagé et pavoisé de manière à en imposer à notre hôte. Bientôt, nous assistons à un branle-bas de combat; les vergues sont couvertes de matelots qui font des décharges à tout rompre; les échos lointains retentissent sous les formidables détonations du *Bourayne*. On nous sert ensuite à déjeuner, et le reste de la journée se passe à conférer sur l'objet de ma mission. Ly-ta-lâo-yé s'entretient avec le commissaire royal Ly et lui communique les pouvoirs dont j'étais investi par les mandarins du

Yûn-nân auprès du Gouvernement annamite, vassal de la Chine, ainsi que les instructions que j'avais pour la cour de Hué. On prend copie de toutes les pièces.

Ly-tuong, qui a mission de garder le Delta, ne se dissimule pas la gravité de sa situation ; car, vis-à-vis de la cour de Hué, il est seul responsable. Aussi, par tous les moyens, tente-t-il de me détourner de mon entreprise : « Le fleuve n'est pas navigable, me dit-il, puis les rebelles vous massacreront dans son cours supérieur. »

Le pauvre commissaire paraît fort surpris lorsque je lui réponds que je suis descendu en 1871 jusqu'aux avant-postes annamites et quand je lui donne sur la navigabilité du fleuve les détails les plus circonstanciés.

D'un autre côté, le commandant Senez s'entremet officieusement en ma faveur, par l'organe de Mgr Gauthier, évêque du Tong-kïn méridional, qui lui sert d'interprète. Il fait valoir les intérêts qui se rattachent à l'ouverture du Fleuve Rouge pour le peuple et pour le gouvernement annamite, en faisant ressortir les revenus considérables que la cour de Hué retirera des douanes. Le Gouvernement français, ajoute-t-il, lui saurait en outre le plus grand gré de ne pas entraver ma mission, qui intéresse aussi la colonie de Saïgon. Il insiste surtout sur ce dernier point.

Tout en paraissant être de notre avis, le commissaire répond qu'il ne sait pas comment on appréciera ma mission à la cour de Hué. Il demande en conséquence un délai de quinze jours afin qu'il ait le temps de recevoir la réponse du Gouvernement de l'An-nam. Sur le conseil du commandant Senez, j'accède à son désir, mais j'affirme mon intention de remonter le fleuve aussitôt que le délai serait expiré. En attendant, je circulerai librement dans l'intérieur du delta sur ma chaloupe. En outre Ly promet au commandant Senez de me faciliter mes approvisionnements dans le pays.

Vers 5 heures du soir, le commissaire Ly se retire et, moi-même, je rentre à 11 heures à bord du *Lâo-kaï*, emmenant avec moi *Sam*, un des interprètes annamites du commandant Senez, que celui-ci voulut bien me prêter.

II

Voici comment M. Senez rendit compte de sa mission au Ministre de la Marine.

« Le 19 novembre, après un déjeuner que j'offris à l'inspecteur Lê-tuan (1) et auquel j'invitai MM. Dupuis et Millot, la question du transit fut entamée et débattue.

« J'exposai de la manière la plus précise ce que demandait M. Dupuis, tant en vertu du mandat dont il était investi, qu'au nom du commerce et de la civilisation : l'autorisation de traverser le territoire d'An-nam en se servant de ses routes, fleuves, rivières et canaux, pour aller porter au Yûn-nân, comme pour en rapporter, toutes marchandises ou tous produits.

« M. Dupuis s'engageait, en échange, à payer tous droits de navigation, de douane et autres, établis ou à établir par le gouvernement du roi Tu-duc.

« Je ne manquai pas de faire briller à ses

(1) Prononciation annamite du chinois Ly-tuong.

yeux tous les avantages qu'en retirerait son gouvernement et l'immense prospérité qui devait en résulter pour son pays.

« Comme conséquence immédiate, je lui montrai l'insurrection éteinte par le seul fait de l'apparition et de la libre circulation de l'Européen dans ces contrées; la piraterie détruite par la présence et le nombre des bâtiments sur leurs côtes et particulièrement dans le golfe du Tong-kïn; et cela, sans aucun sacrifice de la part du Trésor, dont les coffres se rempliraient au contraire, au lieu de se vider inutilement comme aujourd'hui.

« L'ex-ministre me semblait séduit et gagné par la cause Dupuis; mais, comme il me le disait, tous ces avantages seront-ils appréciés à Hué?

« Il pria M. Dupuis de lui communiquer ses pleins pouvoirs et de lui présenter le mandarin chinois qui l'accompagnait. Il parut contrarié à la lecture de ce document et m'objecta qu'il émanait d'une autorité purement militaire, qui n'avait pas qualité pour le délivrer;

« Que cette manière de faire n'était nullement conforme aux règles observées jusqu'à ce jour entre les deux cours.

« Que le vice-roi du Yûn-nân (1) était le seul qui eût titre et qualité pour s'adresser à son gouvernement et que, toutes les fois que les questions à débattre avaient eu de l'importance, elles avaient été directement traitées par les ministres des deux pays et par l'intermédiaire du vice-roi de Canton;

« Que le ministère à Hué n'admettrait certainement pas comme valable ce document, qui n'avait été, en aucune façon, soumis à l'approbation du cabinet de Pékin.

« Qu'il regrettait vivement que le gouvernement de Saïgon n'ait pas pris en cette circonstance, l'initiative d'une démarche auprès de la cour de Hué.

« Je lui répondis que M. Dupuis était venu à Saïgon pour y réclamer cette assistance; mais que le gouverneur, tout en appréciant

(1) Mes pouvoirs émanaient du vice-roi, du *fou-taï* et du *ti-taï* du Yûn-nân. Il y a donc eu malentendu de la part de M. Senez. C'est le vice-roi de Canton qui était chargé d'entretenir les relations entre la Chine et l'An-nam. Je n'avais pas été accrédité par ce dernier, mais on remplit cette formalité plus tard, comme on le verra dans la suite de cet ouvrage.

et désirant le succès de cette entreprise, n'avait pas cru devoir tenter une démarche en sa faveur auprès de la cour de Hué, persuadé que toute intervention de notre part lui serait plutôt nuisible que favorable;

« Qu'en cela les faits parlaient d'eux-mêmes et que nous avions de trop nombreux exemples de ce mauvais vouloir.

« Il me répéta qu'il regrettait que M. Dupuis ne se fût pas couvert de notre patronage; que, dans le compte rendu qu'il allait adresser à Hué sur cette affaire et sur la présence des bâtiments dans le Cua-cam, il eût été heureux de pouvoir dire que le gouvernement français s'intéressait à cette entreprise et en désirait le succès;

« Que sa tâche eût été plus facile, et les chances de réussite plus grandes.

« Instruit des intentions du gouverneur général, comme de la lettre du Ministre de la Marine, au sujet de cette expédition, je n'hésitai pas à donner cette recommandation que désirait l'inspecteur.

« Il me promit qu'il appuierait cette entreprise de tout son crédit; qu'il comprenait trop les avantages qu'en retirerait son pays pour ne pas le faire, dût-il encourir une disgrâce...

« Au moment d'en finir l'inspecteur, d'un air soucieux, me dit : « Mais, si le roi refusait « à M. Dupuis l'autorisation qu'il demande, « que ferait-il? »

« J'étais loin de m'attendre à pareille question et je ne dissimulai pas l'embarras qu'elle me causait. Je lui répondis, cependant, que j'ignorais quelles pouvaient être les intentions de M. Dupuis, le cas échéant, mais que cette éventualité était une de celles qu'il valait mieux ne pas prévoir et que son Gouvernement savait, mieux qu'aucun autre, ce que coûtaient les bateaux du genre Dupuis, pour ne pas se dire qu'un homme qui avait tant dépensé en vue de la réalisation d'une idée, ne l'abandonnerait pas sans une vive résistance;

« Que le roi, en refusant cette autorisation, commettrait une de ces fautes dont il était impossible de prévoir les conséquences;

« Que la nationalité de M. Dupuis disparaîtrait dès lors devant ce refus qui frapperait ainsi un des plus hardis propagateurs du commerce et de l'industrie;

« Qu'ils devraient bien enfin comprendre que leur persistance à s'isoler du monde civilisé ne pouvait durer plus longtemps; que le redoutable problème du progrès venait de se poser devant le Gouvernement de l'An-nam et qu'il appartenait aux hommes intelligents, comme lui, de l'éclairer et de le guider dans cette voie, s'ils ne voulaient pas le voir périr;

« Que c'était aujourd'hui M. Dupuis; que ce serait un autre demain, qui tous, et toujours, au nom du progrès et de la civilisation, viendraient lui demander la liberté de circuler et de commercer;

« Que toute résistance était vaine et que forts, canons et barrages, étaient désormais impuissants à résister au courant envahisseur qui se dirigeait vers l'An-nam.

« Cet homme intelligent parut me comprendre. A son tour, saura-t-il ou pourra-t-il convaincre son pays?

« L'avenir répondra.

« L'inspecteur général prit congé de nous,

après avoir assisté au spectacle d'un branle-bas de combat à feu, que je lui offris sur le désir qu'il m'en avait témoigné. »

A côté de cette citation, je reproduis la lettre que le commandant Senez adressa au commissaire royal Ly sur la demande de celui-ci.

Cua-cam, le 19 novembre 1872.

« *Monsieur l'Inspecteur général.*

« *M. Dupuis, qui vient d'arriver dans le Cua-cam avec deux vapeurs, une jonque et une chaloupe à vapeur, se réclame de moi et me prie de l'assister auprès de Votre Excellence, afin d'obtenir du gouvernement d'An-nam l'autorisation de traverser, sur son territoire, fleuves, rivières et canaux, pour se rendre au Yün-nân, dans le but d'y nouer des relations commerciales et d'ouvrir ainsi une voie nouvelle, qui ne peut qu'être avantageuse aux intérêts de ce pays comme aux progrès de la civilisation.*

« *Dans ces conditions, je déclare à Votre Excellence que je suis autorisé par le gouverneur de Saïgon à lui dire que le gouvernement français verrait avec la plus grande satisfaction celui d'An-nam accorder à M. Dupuis l'autorisation de se rendre au Yûn-nân, afin d'y nouer et d'y établir des relations commerciales nouvelles.*

« *Je suis, etc.*

« *Le Capitaine de frégate commandant le* « Bourayne ».

« Signé : E. SENEZ. »

III

Le lendemain de cette entrevue avec Ly, le 20 novembre, au petit jour, le *Bourayne* leva l'ancre pour faire route sur Hong-kong.

Dès le 21, les vivres cessent de nous arriver à bord des navires. Le vide commence à se faire autour de nous, et les petits bateaux de pêche, déjà très rares, ne répondent plus à notre appel. Cependant, le soir, au milieu de l'obscurité, on nous apporte des fruits, des légumes et du poisson, en nous disant qu'il y a défense, sous les peines les plus sévères, de nous fournir quoi que ce soit.

Nous sommes forcés d'aller à terre pour réclamer des provisions au commandant du fort de Haï-phong. Celui-ci, effrayé de notre descente, nous promet des vivres, protestant qu'il n'empêche en aucune façon le peuple de nous en fournir, au contraire... « Mais le peuple vous craint, dit-il; voilà pourquoi les jonques fuient devant vous. »

Le 22, je reçois une dépêche du commissaire Ly, dans laquelle il m'informe qu'il vient d'adresser un rapport à la cour de Hué au sujet de ma mission. Il m'écrit, en outre, qu'il s'est trop avancé en me promettant la réponse après un délai de quinze jours et que cette réponse pourrait bien n'arriver que dans trois ou même cinq mois; aussi croit-il qu'il serait préférable pour moi d'aller l'attendre à Saïgon ou à Hong-kong, où nous serions beaucoup mieux.

Sans tarder, je vais moi-même le lendemain à Quang-yen entretenir le commissaire Ly de sa dépêche. On me fait d'abord attendre deux heures chez un Chinois, au service de l'An-nam et commandant d'une flottille. Cette attente est sans doute destinée à donner à Ly le temps de mettre sur pied toutes ses troupes et de nous préparer une réception propre à nous frapper.

Une escorte nous conduit chez le commissaire, et nous nous trouvons en présence de 800 à 1.000 hommes, revêtus de leurs plus beaux costumes, où se marient le vert, le rouge, le bleu, le jaune, et portant des armes de toute nature : fusils à pierre, fusils à mèche, piques et lances des modèles les plus variés; les unes sont en forme de croissant, les autres en forme de fourche. Tous ces étranges soldats se livrent aux gambades et aux contorsions les plus bizarres. Du milieu de ce groupe, Ly, d'un air majestueux, s'avance vers nous. Bref, une parodie du *Bourayne*, beaucoup plus risible qu'imposante.

Une fois les compliments d'usage échangés, j'arrive immédiatement au sujet de la dépêche, rappelant de suite à mon interlocuteur que nous étions convenus d'un délai de quinze jours et que, pour rien au monde, je ne le prolongerais, ne fût-ce que de vingt-quatre heures. « Si votre Gouvernement a des doutes sur la validité de ma mission, lui dis-je ensuite, eh bien, donnez-moi des moyens de transport pour me rendre au Yûn-nân et mes navires resteront ici, puisque ce sont eux qui paraissent vous effrayer. Je reviendrai ensuite, après m'être fait accréditer par le vice-roi de Canton pour me conformer à toutes les exigences du Gouvernement annamite. »

Ly m'oppose alors les rebelles, maîtres du haut du fleuve, qui, d'après lui, m'empêcheront d'atteindre le but de mon voyage. Je lui réplique aussitôt : « Ces rebelles ne me font guère peur; d'ailleurs, ils ont promis de ne pas s'opposer à la libre circulation sur le fleuve et, dans le cas où ils voudraient y mettre obstacle, vous n'avez qu'à envoyer avec moi des troupes, et nous les chasserons. » Ma proposition semble lui agréer : « Seulement, me répond-il, ce n'est pas moi qui commande là-haut, il faudrait soumettre cette question au général Fang qui est à Son-tay : » et, sur l'heure, je décide avec lui que nous écrirons tous les deux dans ce sens à Fang et que le petit mandarin Huen portera nos dépêches.

Ceci fut fait dès le lendemain et, dans ma missive, je proposai au général, par le pinceau de Ly-ta-lâo-yé de lui fournir les secours dont je pourrais disposer pour l'aider à établir la sécurité du pays. Les Annamites souhaitaient vivement de voir cesser les brigandages le long du fleuve, et j'espérais par ce moyen faire taire les objections du commissaire royal.

Mon entretien avec Ly porta tout entier sur le même sujet, et mon interlocuteur regrettait sans cesse de n'avoir demandé qu'un délai de quinze jours. Enfin, à bout d'arguments, le pauvre commissaire se prit tout à coup d'un très vif intérêt pour nos santés : l'eau était très mauvaise à Haï-phong; nous y étions très mal; nous ferions bien d'aller à Hong-kong ou à Saïgon... etc., etc.

Bref, toujours la même chose.

Avant de nous laisser partir, il veut absolument nous retenir à dîner et nous promet encore de donner des ordres au commandant de la forteresse pour qu'on ne nous laisse pas manquer de provisions.

Le 25, en remontant le Cua-cam avec ma chaloupe jusqu'au Thaï-binh et en redescendant ce fleuve vers Haï-dzuong, afin de chercher un passage pour mes bateaux, je trouve des gens occupés à enfoncer des pieux pour faire des barrages dans les endroits où on supposait que nous allions passer. Bien entendu, ce travail est exécuté par ordre des mandarins annamites, ce qui n'empêche pas le gouverneur de me faire un accueil des plus gracieux à mon arrivée à Haï-dzuong et de m'inviter à déjeûner.

Après le repas, et sur son désir, je lui fais visiter le *Son-tay*. Il vient à bord avec sa suite, et, une fois sa curiosité satisfaite, il remonte dans sa barque ; mais ses gens s'attardent sur notre chaloupe, et comme nous sommes pressés de lever l'ancre, nous ne trouvons pas d'autre moyen de nous en débarrasser que de faire siffler la sirène du *Son-tay*. Immédiatement, tous ces malheureux, apeurés, se jettent à l'eau en voulant sauter dans leurs barques, et le gouverneur, debout dans la sienne, tombe à la renverse, saisi de frayeur et criant à ses gens de gagner la rive au plus vite. Une fois sur la plage, revenu de son émoi, il nous regarde partir pour Haï-phong.

IV

Le quinzième jour du délai demandé expirait le 3 décembre ; le 4, de grand matin, l'expédition quittait Haï-phong. La veille au soir, j'avais prévenu Ly de notre départ.

Nous suivons le Cua-cam jusqu'au Thaï-binh ; ce fleuve nous permet de gagner le canal du Cua-loc (aujourd'hui surnommé canal des Bambous), qui nous conduit jusqu'au Fleuve Rouge, et nous remontons jusqu'à Ha-noï, où nous arrivons le 22 décembre.

Ce voyage ne s'est pas effectué sans difficultés. D'abord, il nous a fallu trouver un passage ; puis, les Annamites avaient construit des estacades en plusieurs endroits ;

enfin, le vide se faisant de plus en plus autour de nous, nous avons eu beaucoup de peine à nous procurer des provisions.

Aussitôt arrivés, les chefs de la communauté cantonnaise viennent nous souhaiter la bienvenue en nous apportant quelques cadeaux. Ils nous invitent, pour le lendemain, à une réception dans leur *kouéi-kouang* (pagode-club.)

C'est en vain que, le 23, je demande des barques pour remonter au Yûn-nân, puisque mes navires ne peuvent me conduire plus haut. On me répond toujours qu'il faut attendre la réponse de Hué.

Grande panique dans la ville. Tous les gens riches partent précipitamment, obéissant aux ordres des mandarins. Déjà, avant notre arrivée, les barques mouillées devant Ha-noï avaient disparu comme par enchantement; on avait fait couler celles qui ne s'enfuyaient pas assez vite.

Le 25, nous tentons vainement de remonter jusqu'à Son-tay. Il n'y a pas assez d'eau pour nos bateaux.

Le 26, je reçois une lettre du commissaire

Ly qui me transmet la réponse de Fang. Celui-ci me prévient qu'il a envoyé mon rapport à la cour de Hué, mais, qu'en attendant, il ne peut prendre sur lui aucune décision.

Le 27, les mandarins d'Ha-noï nous demandent une entrevue, pour le jour même, dans le *Kouéi-kouang* des Cantonnais. Je m'y rends à l'heure convenue avec Li-ta-lâo-yé, les capitaines de mes bateaux, mon interprète Sam et une escorte de 20 hommes. Le gouverneur, prétextant qu'il ne peut y assister, se fait remplacer par le trésorier et le chef militaire de la province. Devant le Kouéi-kouang, nous trouvons une haie de soldats armés de mauvais fusils, de lances et de grands sabres.

A toutes mes demandes, notamment à celle de barques pour remonter au Yûn-nân, on m'oppose toujours qu'on n'a pas reçu d'ordres de Hué. Il est alors décidé que je ferai moi-même une requête officielle au gouverneur.

J'interpelle ensuite le trésorier sur les démonstrations hostiles que nous rencontrons partout et sur les menaces de mort proférées contre ceux qui nous fourniraient des vivres ou même des renseignements. Le trésorier, désavouant ces manœuvres, nous fait mille protestations obséquieuses. « C'est le peuple qui a peur, » réplique-t-il. En réalité, les mandarins le faisaient fuir en répandant le bruit qu'on allait se battre.

Au désir que je manifeste d'aller voir Mgr Puginier, on répond qu'il vaudrait mieux que l'évêque vînt ici. On craignait probablement qu'en traversant le pays je ne me rendisse compte par moi-même de l'état d'esclavage où l'on tenait les populations.

Le 29, je reçois la visite de l'évêque, qui dîne avec nous. Les mandarins l'avaient sollicité pour qu'il me fît entendre qu'il était impossible de remonter le Fleuve Rouge, vu le manque d'eau et la présence des rebelles.

Le même jour, m'arrive aussi une lettre du gouverneur. Avec mille paroles obséquieuses, il me refuse formellement les barques demandées, s'appuyant toujours sur ce qu'il n'a pas reçu d'ordres de Hué.

Quelques jours après, je lui écris de nouveau en lui retournant sa lettre du 29. Après avoir réitéré ma demande au sujet des barques, je le préviens qu'il aura à me payer tous les mois 10,000 taëls (1) d'indemnité, pour les frais qu'il m'occasionne en me retenant à Ha-noï. J'ajoute qu'il cause aussi un préjudice aux mandarins du Yûn-nân, mais qu'il appartiendra à ceux-ci de lui en notifier l'importance.

V

Depuis les premiers jours de notre arrivée à Ha-noï, les mandarins cherchent à nous isoler, en inspirant au peuple la crainte de notre contact. Au début du mois de janvier, ils racontent, entre autres choses, que de nombreux soldats sont cachés dans les flancs de nos navires et que quelques uns d'entre eux seulement montent sur le pont. Les mandarins, de leur côté, sont persuadés que nous ne sommes que l'avant-garde des « Bri-

(1) Environ 80,000 francs.

gands de Saïgon (1) ». L'intervention du *Bourayne* en ma faveur n'a eu d'autre effet que de les entretenir dans cette idée.

Pourtant, peu à peu, la panique des habitants de Ha-noï s'apaise, et quelques-uns reviennent.

Je savais indirectement que plusieurs mandarins désiraient visiter nos navires et n'osaient me le demander. J'invite donc trois des plus hauts fonctionnaires à une collation à bord. Le 4 janvier, à midi précis, ils arrivent. Nous commençons par leur donner le spectacle d'un branle-bas de combat, afin de leur montrer la puissance de nos canons et de nos fusils ; puis, sous leurs yeux, nous tirons sur des bancs de sable situés à 3.000 mètres. A la vue des machines de nos navires, et en dépit de toutes nos explications, ils ne pouvaient s'empêcher de croire à quelque chose de diabolique.

Le 7 janvier, nous recevons la visite du colonel Tsaï, qui vient avec une escorte de

(1) C'est ainsi qu'ils appelaient les Français, même dans leur correspondance officielle avec les mandarins de la Chine.

50 soldats. Il nous dit qu'il est envoyé par le général Tchèn-tong-ling, commandant des troupes chinoises en garnison à Bac-ninh et à Thaï-nguyen. Depuis quelque temps, ce général recevait des Annamites de nombreuses lettres à notre sujet, où nous étions traités d'*avant-garde des brigands de Saïgon* :

« M. Dupuis, écrivent-ils, prétend être chargé d'une mission par les autorités du Yûn-nân; mais il est venu en réalité pour conquérir le Tong-kïn. »

Ces pauvres Annamites s'adressaient à tous pour qu'on les aidât à nous chasser. Ils avaient envoyé lettres sur lettres à Canton et au Kouang-si, afin d'obtenir le concours des troupes chinoises, et le *fou-taï* du Kouang-si avait donné l'ordre au général Tchèn de prendre des renseignements sur cette affaire. Tchèn lui-même avait été circonvenu contre nous. On m'accusait d'avoir falsifié les pouvoirs dont j'étais le porteur.

Mais, au cours de la visite du colonel Tsaï, la vérité se fait jour. Ly-ta-laô-yé lui communique mes lettres de crédit et lui en donne une copie pour le général. Le colonel, indigné de la manière d'agir des Annamites, se propose d'aller trouver le gouverneur dès le lendemain. En attendant, je le retiens à dîner, et nous voilà devenus les meilleurs amis du monde, d'autant plus que mon invité se trouve précisément en relations avec plusieurs de mes amis.

Me rendant compte le lendemain de l'entrevue qu'il a eue quelques heures auparavant avec le gouverneur, et au cours de laquelle il lui a jeté à la face de dures vérités, Tsaï me dit qu'il n'y a rien à espérer des Annamites, bons seulement à traiter les Tong-kinois comme des esclaves. Il me confie en même temps que le Kouang-si a l'intention de s'emparer de la partie du Tong-kïn, comprise entre le Yûn-nân et la mer.

Je vois bien que, sur le rapport de son envoyé, le général chinois Tchèn ne pourra être que favorable à nos desseins.

Tsaï nous promet, en partant, de revenir afin de nous assurer la libre circulation sur le fleuve. Au fond, je crois que, si on avait laissé le colonel libre de ses mouvements, il eût pris sur-le-champ la ville de Ha-noï.

Le 15 janvier, je pars au point du jour avec ma chaloupe et quelques matelots pour chercher des jonques, cachées dans une crique, en aval de Son-tay, par des négociants chinois. Craignant de se compromettre, ils n'osaient me les offrir ouvertement ; mais ils étaient heureux de m'en procurer en secret.

Le 16, le colonel Tsaï revient, porteur de trois dépêches du général Tchèn, dont deux pour les gouverneurs d'Ha-noï et de Son-tay ; la troisième était pour moi. Le général ordonne à ces derniers de me laisser librement circuler pour le compte des mandarins du Yûn-nân et de me fournir, sur ma demande, des barques et des bateliers : « Dans le cas où l'on refuserait d'obéir à mes ordres, ajoute-t-il, je viendrais moi-même à la tête de mes troupes pour les faire exécuter et protéger le passage de M. Dupuis de Ha-noï au Yûn-nân. »

En dépit de ces menaces, les mandarins essaient encore de gagner du temps, prétextant de nouveau qu'ils n'ont pas reçu d'instructions de Hué et qu'ils ne peuvent rien prendre sur eux. « Il y va de notre vie, » disent-ils.

Cependant le 17 au soir, le gouverneur me voyant décidé à partir le lendemain matin, se ravise, par crainte du général Tchèn. Il ne veut pas avoir l'air de céder officiellement, mais il fait venir officieusement auprès de lui Liong-sieou, le lieutenant de Licou-yuèn-fou, commandant un détachement de Pavillons Noirs à Kouen-ce, en aval de notre poste actuel de Yen-bay. Il lui dit de s'entendre avec le chef de la colonie chinoise pour me fournir des jonques dès que j'aurai dépassé Son-tay et sans que les autorités annamites interviennent elles-mêmes.

Enfin, las d'attendre, je pars le 18 janvier au matin, emmenant avec moi une partie de mon personnel, ainsi que les instructeurs que j'avais promis aux mandarins du Yûn-nân. Je laissai mes navires à Ha-noï, sous la garde de M. Millot.

CHAPITRE IX

I. De Ha-noï à Mang-hâo et à Yûn-nân-sèn. — II. Offre de 10.000 hommes de troupes. Mon refus. Empressement pour l'exploitation des mines. Départ de Yûn-nân-sèn pour le retour.

I

Pendant la route arrivent à chaque instant des mandarins de Son-tay qui nous prient d'attendre, parce qu'ils ont reçu des dépêches de Tchèn et du gouverneur d'Ha-noï et qu'ils vont s'occuper de nous.

Le 23 janvier, on nous apporte deux lettres de Hung-hôa, par lesquelles on nous prévient qu'il nous sera impossible d'aller plus haut. Cependant, nous continuons à monter.

Un peu plus loin, on nous dit que le général Ong a des instructions pour nous empêcher de passer et que, si nous persistons, il nous arrivera les plus grands malheurs. Il ne s'agirait rien moins, assure-t-on, que de nous « *couper en tout petits morceaux* ». Il faut donc que nous lui donnions le temps de recevoir d'autres ordres.

Ces avertissements ne nous empêchent pas de mouiller le 31 janvier, non loin de Kouen-ce, juste au milieu du camp de ce fameux général. De loin, nous apercevons une quantité considérable de pavillons qui s'agitent pour nous inviter à nous arrêter, et, comme nous avançons toujours, Ong nous dépêche un homme de son état-major pour nous dire de ne pas tirer.

Nous continuons notre route sur Lâo-kaï et Mang-hâo, où nous arrivons le 4 mars, après une navigation pleine de difficultés.

A Mang-hâo, j'apprends que M. Émile Rocher est venu au-devant de moi avec des mandarins et 500 hommes commandés par Mâ-tsong-tong, chef de Ta-tchouang. Il m'a attendu trois mois et, craignant les fièvres, il est resté sur le plateau, où je le trouvai plus tard.

Le 6 mars, je quitte Mang-hâo pour me rendre à Yûn-nân-sèn par la voie de terre et j'emmène seulement avec moi Ly-ta-lâo-yé, son secrétaire et quelques domestiques; les trois instructeurs engagés pour le Yûn-nân viendront avec le matériel.

En arrivant à Mon-tze tous les chefs accourent au-devant de moi pour me souhaiter la bienvenue. Je vais voir Tchang-lâo-pan, Ly-tsen-kou, Lou-ta-jèn et Mon-tze-hien, les principaux chefs de la ville. Ils sont enthousiasmés de l'ouverture du Fleuve Rouge et comprennent très bien l'importance qu'elle va donner à leur pays. Tous veulent entreprendre l'exploitation des mines.

Non loin de Mon-tze, je visite les mines d'étain de Kouéi-kieou, qui sont les plus importantes de la Chine. Dans la région comprise entre Mon-tze et le Fleuve Rouge, il y a aussi d'abondantes mines de cuivre.

A peu de distance de Kouang-y, je rencontre M. Émile Rocher, accompagné de plusieurs officiers de Mâ et même d'un fils de celui-ci. On se rappelle que M. Émile Rocher était venu au-devant de moi. Il continue donc sur Mang-hâo pour y prendre le matériel destiné aux autorités du Yûn-nân.

Depuis Mon-tze jusqu'à Yûn-nân-sèn, l'enthousiasme excité par nos projets n'a fait que croître, et, sur toute ma route, les mandarins m'ont offert de nombreuses réceptions.

II

Le 16 mars 1873, j'arrive à Yûn-nân-sèn, où je descends chez le *ti-tai*. Celui-ci éprouve une joie indescriptible de ce que je lui apprends au sujet de ma mission.

Dans l'après-midi, je vais voir le vice-roi et les principaux mandarins, excepté le *foutai* encore retenu devant Ta-li-fou. Tous, rêvant de faire de grosses fortunes dans l'exploitation des mines, désirent s'y intéresser. A un autre point de vue, la possibilité qu'ils auront à l'avenir de passer par le Tong-kïn et Hong-kong pour se rendre à Pékin les enchante.

Deux ou trois jours après mon arrivée, le *ti-taï*, craignant de nouvelles difficultés de la part des Annamites, me propose de faire immédiatement occuper le fleuve et protéger la nouvelle voie, dût-il pour cela envoyer 10.000 hommes. Mais il y a au Tong-kïn d'autres intérêts, dont je parlerai tout à l'heure, que je veux sauvegarder et qui me font refuser ses offres.

« Les Annamites, lui dis-je, finiront bien par comprendre qu'ils ont tout intérêt à laisser le passage libre. » C'est en vain qu'il insiste pour lever au moins 2 ou 3.000 soldats. Tout ce que j'accepte, c'est une escorte de 150 jeunes hommes, forts et courageux, choisis parmi sa garde et commandés par son cousin, le capitaine MA-tsaï.

Beaucoup d'autres mandarins militaires, désirant une expédition qui leur procurerait de nouveaux commandements, ne sont pas moins enthousiastes.

Le *tao-taï* Lèn-ta-jèn se rend tous les jours chez le vice-roi pour traiter du fermage des mines dans le district de Mon-tze et le département de Kaï-hoa-fou. Il demandait sa mise en disponibilité pour prendre la direction des mines. En effet, il y était encouragé par l'exemple de son père, qui avait fait une grande fortune dans l'exploitation de mines de cuivre à Tong-tchouan-fou, exploitation que la rébellion avait ensuite ruinée.

Le 19 mars, le vice-roi reçoit une dépêche de son collègue de Canton au sujet de ma mission et des rapports que lui avaient envoyés les Annamites. Cette dépêche est des plus flatteuses pour moi. On y répond dès le lendemain en priant le vice-roi de sommer le gouvernement annamite d'avoir à me laisser circuler librement sur le territoire d'An-nam avec mes navires chargés d'armes, de métaux ou autres marchandises et produits, venant du Yûn-nân ou à destination de cette province. On demande, en outre, au vice-roi de Canton d'adresser des reproches aux autorités de l'An-nam pour le retard qu'elles ont apporté à mon premier voyage.

Les tendances des peuples vers le bien-être et la richesse étant les mêmes chez tous, les espérances que ma mission faisait concevoir m'avaient acquis partout, sauf chez les

Annamites, — comme on l'a vu — un accueil chaleureux. Pendant mon séjour à Yùn-nân-sèn, les mandarins me firent de nombreuses invitations ; mais j'en déclinai beaucoup pour consacrer plus de temps à l'arrangement de nos affaires.

La fin de mars fut employée aux derniers arrangements. On donna à Lèn-ta-jèn la direction de l'exploitation des mines, ainsi qu'il le souhaitait, et il devait payer chaque année une redevance déterminée à l'État.

Quant à moi, je restai chargé de faire venir de France le matériel et le personnel composé d'ingénieurs et de contre-maîtres.

Tout étant terminé le 28 mars, je vais faire mes adieux aux mandarins qui m'adressent leurs vœux pour le succès de mon entreprise. Chez le tche-hien (sous-préfet), je rencontre les deux enfants de Teou-ouèn-shio, le fameux chef de Ta-li, dont j'ai raconté ailleurs la mort tragique (1).

Le ti-taï me remet pour Hoang-tsong-ïn,

(1) Voir mon *Journal de Voyage et d'Expédition*, publié par la Société Académique Indo-Chinoise de Paris (p. 75, note). (Challamel, 1879.)

chef des Pavillons Jaunes, une lettre où il lui promettait le pardon s'il se conduisait bien. Les Pavillons Jaunes devaient être occupés dans l'exploitation des mines.

Au moment de mon départ, le vice-roi me donne trois lettres : la première pour le commissaire Ly, la seconde pour le gouverneur de Ha-noï, et la troisième pour le prince Hoang-ké-vien, chef militaire du Tong-kïn, en résidence à Son-tay. Ces lettres font connaître à leurs destinataires que le vice-roi du Yûn-nân a prié celui de Canton de notifier à la cour de Hué la mission dont je suis chargé et, en attendant, ils sont invités à ne plus me faire de difficultés.

CHAPITRE X

I. De retour à Ha-noï. — II. Lettres du prince Hoang-ké-vien et du commissaire royal Ly. — III. Représailles contre nos amis. Leur délivance. — IV. Curieuse entrevue avec un personnage venu tout exprès de Hué. — V. Le maréchal Nguyen et ses menaces. Nous brûlons ses proclamations.

I

Le 29 mars, je quitte Yûn-nân-sèn, avec mon escorte de 150 hommes, pour m'embarquer à Mang-hâo et redescendre de là à Ha-noï.

Non loin de Mon-tze, je rencontre M. Émile Rocher et les mandarins, remontant avec le convoi d'armes qu'ils étaient allés chercher.

A mon passage à Mon-tze, les principaux fonctionnaires de la ville donnent une fête en mon honneur, afin de me témoigner leur reconnaissance pour les avantages qu'ils attendent de l'ouverture de la nouvelle voie.

A Mang-hâo, mon ami Yang-ming, chef des Paï-y, que j'avais chargé de me procurer des barques, ne peut en réunir que douze en état de naviguer, car depuis l'arrivée des rebelles, la navigation et le commerce n'existent plus. Chargées de cuivre et d'étain, elles descendent avec moi à Ha-noï où j'arrive sans accident le 30 avril.

En arrivant, j'installe les 150 hommes du Yûn-nân dans la rue qui porte aujourd'hui mon nom. Mes navires mouillaient juste en face.

II

Dès le lendemain de mon arrivée, je fais porter au prince Hoang-ké-vien, au gouverneur de Ha-noï et au commissaire Ly, les dépêches que j'ai pour eux en joignant à chacune une lettre d'envoi. Le lecteur ne trouvera pas mauvais que je place ici sous ses yeux les réponses que j'en reçus. Elles sont d'un intérêt vraiment comique, quand on se rappelle tout ce qui s'était passé et que l'on songe à ce qui advint par la suite.

Lettre du prince Hoang-ké-vien.

« J'ai reçu les excellentes lettres que vous m'avez envoyées. En les lisant, mon cœur, qui était attristé sur le but de votre voyage, est devenu tout joyeux.

« Avant la réception de ces lettres, je ne me rendais pas bien compte de votre mission, et j'étais dans la consternation.

« L'année dernière, au 10e mois, le commissaire royal, Lê (Ly en chinois) de Quang-yen, m'envoya votre lettre et il m'écrivit en même temps votre intention de remonter au Yûn-nân en traversant le Tong-kïn.

« A cette époque, le Tong-kïn était ravagé par des bandes de rebelles terribles ; j'en informai alors le commissaire royal Lê.

« Je suis allé le 17e jour de la 12e lune à Ha-noï, où vous étiez arrivé depuis longtemps; mais, malheureusement, vous veniez de partir.

« Je fis prévenir M. Millot, votre représentant, que j'étais venu pour vous voir et m'entendre avec vous. Je pense qu'il vous aura parlé de cela.

« Vous ne sauriez croire combien ma joie a été grande, en apprenant votre heureux voyage, qui s'est effectué très tranquillement, à l'aller et au retour ; c'est une chose des plus extraordinaires.

« J'admire le résultat que vous avez obtenu à votre passage, et je suis dans l'extase quand je relis votre lettre.

« Mon cœur était oppressé et comme sous le poids de grosses pierres, avant la réception de votre lettre ; mais, en la lisant, il a été totalement dégagé, et j'ai respiré très librement.

« Les grands et les petits mandarins de l'An-nam sont extasiés, et ils disent qu'on pourrait chercher parmi des millions d'hommes et qu'on ne pourrait pas trouver une personne aussi extraordinaire que vous.

« Le chef rebelle Hoang-tsong-ïn est depuis longtemps dans le Tong-kïn ; j'ai fait le tonnerre contre lui, et je n'ai pas pu le vaincre ; les troupes du Kouang-si, venues à notre secours, n'ont pas été plus heureuses.

« Mais vous, à peine arrivé sur le territoire qu'il occupe, vous l'avez raisonné ; il a écouté ce que vous lui avez dit et il s'est incliné devant vous.

« C'est une chose bien grande que de convaincre les gens par la parole et bien meilleure que l'emploi des armes.

« Aussi je vous considère aussi grand que le grand Bouddha qui plane dans les nuages.

« Quant au mandarin chinois Ly, qui vous accompagne, il est aussi bien méritant ; il a un esprit bien supérieur. Je ne lui écris pas parce que je n'ai pas reçu de lettre de lui et que je ne le connais pas.

« Je vous envoie ma réponse par mon aide de camp, Tchang (1). Je le charge de vous présenter mes compliments et de vous féliciter. Aussitôt qu'il sera revenu et qu'il m'aura fait part de vos entretiens, j'en informerai le roi.

« Le 5e jour de la 4e lune. »

(1) Tchang était un des hommes les plus intelligents et les plus aimables que j'aie rencontrés dans l'An-nam. On m'a dit qu'il dirigeait absolument le prince dont l'ignorance était grande.

Lettre du Commissaire royal Ly.

« J'ai reçu votre lettre relative aux rebelles de Hoang-tsong-ïn, qui sont depuis longtemps dans le nord du Tong-kïn.

« J'ai été ravi en apprenant que vous aviez parfaitement passé à travers les rebelles et qu'il ne vous était rien arrivé.

« Ces rebelles sont la cause de la ruine du nord du Tong-kïn.

« Vous êtes un homme bien extraordinaire d'avoir pu vous faire écouter de ces rebelles, de les avoir intimidés et de les avoir amenés à offrir leur soumission.

« Pour moi, je déclare que j'aurais été complètement incapable d'en faire autant.

« Je vous remercie beaucoup de ce que vous avez fait pour mon pays, et je me considère bien petit à côté de vous.

« Je m'empresse de communiquer votre lettre au grand maréchal et au commissaire extraordinaire de Son-tay.

« Ces deux hauts fonctionnaires pourront s'entendre immédiatement avec vous.

« J'ai reçu aussi la dépêche du Yûn-nân ; tout est pour le mieux.

« Aussitôt que j'aurai reçu la dépêche officielle de Hué, je ferai tout mon possible pour vous être agréable.

« Le 9e jour de la 4e lune. »

III

En arrivant à Ha-noï, j'apprends que le gouverneur, profitant de mon absence, avait fait emprisonner les négociants chinois, propriétaires des jonques que j'avais prises au-dessous de Son-tay. L'un d'eux était mort en prison à la suite des mauvais traitements qu'on lui avait fait subir, et les autres restaient toujours incarcérés. On avait également emprisonné la famille et pillé la maison du Chinois Ly-tsaï-ki, accusé de nous avoir fourni des provisions. Un des propriétaires des jonques, mis à la torture, ne dut la conservation de la vie qu'à l'argent que ses amis donnèrent aux mandarins, soit environ 15.000 francs. Plusieurs autres personnes, convaincues d'avoir entretenu des relations avec nous, ont aussi été arrêtées.

Les Annamites avaient écrit, mais en vain, au *fou-taï* du Kouang-si, pour accuser le général Tchèn et le colonel Tsaï, dont le tort, suivant eux, était de m'avoir soutenu. Ils ne m'ont pas épargné moi-même et ils m'ont accusé de tromper les mandarins du Yûnnân en fournissant des armes aux rebelles.

Instruit de ces manœuvres, j'écris le 2 mai au gouverneur : « Si toutes les personnes, qui ont été mises en prison à cause de moi, ne sont pas rendues à la liberté dès demain, j'irai les chercher à la citadelle. » Je lui demande, en outre, s'il est vrai que les mandarins ont extorqué de l'argent aux prisonniers.

Le soir, le chef de la police vient me communiquer verbalement la réponse du gouverneur; d'un air embarrassé, il me demande du temps : « On ne peut délivrer les détenus sans l'ordre du roi ». Mais, devant mon indignation, il prend sur lui l'engagement de relâcher les prisonniers dès le lendemain matin : « Si vous ne tenez pas votre promesse, lui dis-je, c'est vous qui serez mon prisonnier. »

Le lendemain matin, les malheureux Chinois étant encore sous les verrous, je fais arrêter le chef de la police, et nous l'emmenons à bord du *Lào-kaï*.

Toutes les fois que les mandarins veulent quelque chose, ils m'envoient le chef de la communauté cantonnaise ; c'est donc lui qui, le jour même, vient me demander d'écrire une nouvelle lettre au gouverneur, mais sans mentionner l'argent que les mandarins ont reçu des prisonniers. J'y consens et j'accorde un nouveau délai. « J'attendrai les détenus jusqu'au lendemain matin huit heures. »

Mais, au fond, je compte si peu sur cette promesse, que nous nous préparons à aller les chercher nous-mêmes.

Au moment où nous descendons à terre avec les équipages armés et deux pièces de canon pour nous joindre aux 150 soldats de la garde du ti-taï, qui nous attendent, on vient vers nous en courant et en criant : « Arrêtez, les prisonniers arrivent. » Nous attendons un quart d'heure : rien. Nous nous dirigeons alors vers la porte de l'Est. Des courriers à pied et à cheval se jettent à plat ventre devant nous en répetant : « Les voilà! les voilà! » mais je ne vois rien et nous avançons toujours. Enfin j'aperçois des parasols de mandarins qui apparaissent au-dessus de la foule. Cette fois, ce sont bien nos prisonniers qui arrivent.

Les mandarins m'accompagnent jusqu'à bord pour me remettre les prisonniers et délivrer le chef de la police, qui n'était pas trop mécontent de son sort, car nous le traitions en ami plutôt qu'en ennemi. Je reconnais les onze prisonniers qu'on m'amène pour ceux qui m'ont été signalés et, après avoir versé un verre de champagne aux amis du chef de la police qui viennent le chercher, nous nous séparons les meilleurs amis du monde; mais nos deux pièces de canon ne rentrent pas à bord; je les laisse à terre, sous la garde des soldats du *ti-taï*, ce qui fait faire la grimace aux mandarins.

Après le départ des mandarins, je questionne nos prisonniers, qui ont tous subi des tortures plus ou moins affreuses; je fais donner à ceux qui sont nécessiteux une petite indemnité ; pour les autres, cette affaire se règlera plus tard.

IV

Cette démonstration avait mis la ville en émoi ; mais la population était tout entière pour nous. J'en eus la preuve dès le lendemain.

Ayant fait afficher une proclamation pour expliquer au peuple le but de ma mission et l'affaire des prisonniers, ils la commentent dans un sens favorable pour nous, et beaucoup en prennent des copies. J'y annonce que l'affaire des prisonniers n'est pas assez grave pour me porter à des mesures extrêmes, car j'espère que les mandarins finiront par comprendre qu'il est de leur propre intérêt de me laisser circuler librement sur leur territoire. Je termine en disant au peuple que nous sommes ses amis et en l'engageant à s'occuper paisiblement de ses travaux.

Le même jour, j'écris au *fou-taï* du Kouang-si, au sujet des calomnies que les Annamites répandent sur notre compte, et je lui adresse en même temps pour le *fou-taï* du Yûn-nân une autre lettre que je le prie de faire parvenir à son destinataire. Dans cette dernière dépêche, je parle de la conduite des Annamites à notre égard.

Le 24 mai, on me demande une entrevue avec le chef de la justice, accompagné d'un haut personnage qui arrive exprès de Hué. Cette entrevue doit avoir lieu au *kouéi-kouang* des Cantonnais, et on me prévient que les mandarins y viendront avec une nombreuse escorte. N'ayant aucune objection à faire à cette invitation, je prends de mon côté 50 hommes bien armés et, suivi de Ly-ta-lâo-yé, de M. Millot et des capitaines du *Lâo-kaï* et du *Hong-kiang*, je me rends au *kouéi-kouang* à l'heure désignée.

Je crois ne pouvoir mieux raconter cette entrevue qu'en reproduisant une page de mon journal, déjà publiée (1).

« Nous nous trouvons bientôt en présence d'une masse considérable de soldats qui

(1) Voir mon *Journal de Voyage et d'Expédition*, p. 101 et suiv. (Challamel, 1879).

encombrent les rues conduisant au *kouéi-kouang;* mais le flot s'ouvre pour nous livrer passage. Nos hauts personnages se font attendre près d'une heure; enfin, ils arrivent en faisant beaucoup de bruit, avec une escorte magnifique, qui a grand'peine à se frayer un passage au milieu des soldats. J'ai devant moi le chef militaire et le trésorier de Ha-noï, et un personnage borgne qui m'est inconnu (1); mais de chef de la justice point. Une fois les banalités d'usage échangées, je demande lequel des trois mandarins a une communication à me faire. On me désigne le nouveau personnage. Je fais observer que celui-ci ne m'a pas été annoncé et qu'il est pour moi un inconnu. Toutefois, je veux bien écouter ce qu'il doit me dire. Le personnage en question se prépare dès lors à s'entretenir par écrit avec Ly-ta-lào-yé; mais je lui fais dire par l'interprète de me faire sa communication de vive voix et de façon à ce que tout le monde puisse entendre. La pagode

(1) Cet inconnu, que nous avons par la suite surnommé Coclès, venait d'arriver avec le maréchal Nguyen, grand commissaire royal de l'An-nam.

est pleine de curieux, principalement de négociants chinois, anxieux de connaître les résultats de cette entrevue et pour lesquels mon attitude doit décider de leur conduite. L'envoyé annamite entre alors en matière par des récriminations de toutes sortes, me demandant de quel droit, malgré leur défense, j'ai pénétré au Tong-kïn et suis monté jusqu'à leur capitale. On m'a cependant dit de m'en retourner; mais, au lieu de cela, j'ai pris des barques et je suis monté au Yûn-nân, d'où je suis revenu avec des soldats chinois et des métaux pour m'installer à terre dans des maisons, en dépit de leur défense, et aujourd'hui je veux prendre du sel pour l'envoyer encore au Yûn-nân. J'ai mis aussi en prison les mandarins qui voulaient m'empêcher de commettre ces iniquités... A ce moment, je coupe la parole à mon interlocuteur pour lui dire que je ne peux lui permettre de tenir plus longtemps un pareil langage. Je ne demande qu'une chose, c'est la libre circulation sur le fleuve pour les besoins du Yûn-nân, en vertu des pouvoirs que m'ont conférés les autorités de cette province et le vice-roi de Canton. Ces pouvoirs me donnent le droit d'être au Tong-kïn aussi bien qu'eux-mêmes, mandarins de la cour de Hué. Si je me suis installé à terre, c'est à cause de leur mauvaise foi, et pour assurer ma sécurité contre leurs entreprises. Qu'ils ne portent aucune atteinte ni à notre liberté ni à celle du peuple, et tout se règlera à la satisfaction de tous; autrement, je saurai faire respecter mon droit, ainsi que j'en ai mission. Là-dessus, je déclare la séance levée.

« Les hommes de mon escorte, qui avaient formé les faisceaux dans la cour et s'étaient retirés à l'ombre des galeries, me voyant lever sur ces paroles, courent aux faisceaux pour se préparer au départ. Le cliquetis occasionné par le dégagement des fusils et la manœuvre du port d'armes produisent un effet extraordinaire. Les soldats annamites, qui étaient grimpés partout, sur les murs, les grilles et jusque sur les toits, pris d'une terreur folle, dégringolent au plus vite, se figurant qu'on va les fusiller. D'entre ceux qui se trouvaient dans la rue, plusieurs, pour mieux voir, s'étaient juchés sur les épaules des autres. Voyant leurs camarades tomber de leurs places plutôt qu'ils n'en descendent, ils prennent peur à leur tour, et les voilà tous se sauvant dans toutes les directions, renversant tout sur leur passage. Quant à nous, sans plus nous préoccuper de ce sauve-qui-peut général, nous sortons du *kouéi-kouang* au milieu de notre escorte, massée en bon ordre, pour rentrer chez nous. Il n'y a plus un seul homme dans la rue, et nous ne faisons qu'entrevoir, à plus de 200 mètres, les jambes des derniers fuyards qui disparaissent promptement. Cependant les terribles soldats ont fini par s'apercevoir que nous nous retirions très tranquillement. Les derniers s'arrêtent, et après notre disparition, s'empressent non moins promptement de revenir prendre leurs maîtres abandonnés dans le *kouéi-kouang*.

« On nous dit qu'il y avait aux alentours et dans les rues avoisinantes six à sept mille de ces guerriers. Toutefois, je pense que ce chiffre est exagéré et j'estime, pour ma part, qu'il devait se trouver là trois à quatre mille hommes. »

Cependant l'honneur de l'An-nam demandait à être vengé et, pendant toute la nuit, le maréchal, dont j'ignorais encore l'arrivée, a fait bâtonner tout son monde. Le pauvre général commandant la place de Hanoï, et qui était présent à la fameuse entrevue, a reçu pour sa part cent cinquante coups de bâton. Le vice-roi en a reçu aussi!...

V

Le 28 mai, on m'annonce l'arrivée du maréchal Nguyen-tri-phuong, grand commissaire royal, l'ennemi juré des Français et qui les avait combattus lors de la prise de possession de la Cochinchine. Croyant que les ordres qu'il a donnés contre nous sont mal suivis, il vient pour les faire exécuter.

Enhardi par l'entrée en scène de ce nouveau personnage, le gouverneur nous écrit une lettre des plus insolentes, pleine de menaces à l'adresse de tous ceux qui ont eu des relations avec nous.

Quant à Nguyen, il affiche une proclamation dans le même sens. Parlant de ceux qui nous prêteront leur concours : « *J'exterminerai leur famille jusqu'à la racine,* » dit-il. Il déclare aussi qu'il empêchera nos barques de remonter au Yùn-nân et que, si nous ne partons pas sur-le-champ, « *il nous fera couper en tout petits morceaux.* » On se rappelle que le général Ong voulait en faire autant.

Il ne nous reste donc aucune illusion à conserver sur les intentions de l'homme le plus puissant de l'An-nam.

Mais, sans souci de toutes ces menaces sanguinaires, le capitaine du *Hong-kiang*, Georges Vlavianos, s'en va avec quelques hommes, déchirer cette proclamation et, à son approche, les soldats annamites, chargés de la garder, ne trouvent rien de mieux à faire que de prendre la fuite.

Nous ne nous en tenons pas là, et la fameuse proclamation ainsi que le parasol qui la protège sont portés en triomphe par nos hommes au son du tambour et du clairon dans les principaux quartiers de la ville. Enfin, devant la maison de Ly-ta-lâo-yé, nous allumons un grand feu, et nous jetons proclamation et parasol dans les flammes, au milieu des rires du peuple. On sait que le parasol, insigne de l'autorité, est censé représenter l'auteur de la proclamation. Porter la main sur la proclamation et son parasol, c'était porter la main sur le maréchal lui-même.

Une nouvelle proclamation est affichée dans un autre quartier, et dans cette dernière sont cités les noms de ceux qui sont le plus compromis.

Le bruit court qu'on fait venir des soldats de toutes les provinces. Au milieu de la nuit, la panique est si grande dans la ville qu'on déménage de partout, car on craint une attaque de Nguyen pour le matin et l'arrivée de nouvelles troupes. La partie de la ville, située entre notre mouillage et la citadelle, est complètement évacuée.

Le 29, je reçois une nouvelle dépêche

que le gouverneur m'envoie au nom du maréchal Nguyen. Cette dépêche est la répétition des précédentes : mêmes menaces dirigées contre les mêmes personnes. Elle contient en outre des plaintes au sujet de la proclamation et du parasol brûlés, et on qualifie cette irrévérence du « plus grand sacrilège qu'on puisse imaginer ».

Répondant au gouverneur, je traite sa lettre d'enfantine, puis je fais afficher une proclamation qui reproduit ma réponse. La foule se presse à l'entour, et on en prend des copies.

Le soir même, le chef de la police, le premier secrétaire du gouverneur et le chef de la garde de Nguyen viennent à bord du *Lâo-kaï* et nous invitent à déjeuner pour le lendemain, de la part du maréchal lui-même. Ce n'était ni plus ni moins qu'un piège, dans lequel on eût cherché à nous faire disparaître par le poison ou d'une autre manière, et nous n'eûmes garde d'accepter l'invitation.

Les jours suivants, la panique ne fait que croître dans la ville. Les négociants chinois la désertent; quelques-uns s'en vont jusqu'au Kouang-si.

Le 1er juin, le pauvre chef de la police est mis aux fers dans la citadelle pour n'avoir pas déployé assez d'énergie contre nous. Son successeur, voulant faire du zèle, arrête des matelots d'une des jonques revenant du Yûn-nân chargées de métaux. Ils étaient descendus à terre pour renouveler leurs provisions.

J'apprends, le même jour, que le nouveau fonctionnaire est dans une petite rue longeant le fleuve, avec une centaine d'hommes, armés de piques, de lances et autres engins pour guetter les matelots de nos jonques qui s'aventurent isolément sur le rivage. Aussitôt, je pars au pas de course avec quelques-uns de mes soldats et mon revolver à la main. Menaçant de tuer le premier qui m'opposera de la résistance, je m'ouvre un passage à travers les Annamites, qui, très effrayés, s'enfuient, abandonnant le chef de la police que nous faisons prisonnier à bord d'un de mes bateaux.

Le 2 juin, on reçoit une dépêche du *fou-*

taï du Kouang-si, qui blâme très sévèrement la conduite des Annamites.

Malgré toutes ces difficultés quotidiennes, j'étais cependant parvenu à diriger vers le Yûn-nân huit jonques montées par des indigènes du haut fleuve et chargées de sel. Quatre autres n'avaient pu partir, faute de matelots. Elles étaient accompagnées par le *Son-tay*. Mais, lorsque celui-ci s'en revint, croyant avoir dépassé la zone d'attaque, les jonques eurent à subir une agression, au cours de laquelle il y eut un homme de tué et plusieurs blessés. Elles furent contraintes de redescendre, n'ayant que des forces insuffisantes.

CHAPITRE XI

I. M. Millot à Saïgon. Les instructions de l'amiral Dupré et ses lettres. — II. Entrevue avec le sous-préfet. Atrocités des Annamites. Exclusion de toute autorité annamite de la ville marchande. — III. Lettre très équivoque de l'amiral. Je n'en tiens aucun compte. — IV. Rapport à l'amiral sur les menées des Annamites contre nous. — V. Nouvelles propositions du parti des Lê. Nouvelles hostilités de Nguyen et des Annamites. — VI. Le maréchal Nguyen se décide à faire une sortie. Sauve-qui-peut général. — VII. Arrivée de M. Ducos de la Haille. Retour de Ly-ta-lâo-yé avec le *Lâo-kaï* et le *Mang-hâo*. Les dépêches du vice-roi de Canton. Duplicité puérile des Annamites. — VIII. Il faudrait agir. Sommation adressée au sous-préfet. Visite de Mgr Puginier. — IX. Assaut de la sous-préfecture. Le sous-préfet est notre prisonnier. Entrevue avec les mandarins. Position embarrassante de Mgr Puginier.

I

Le 5 juin, le *Lâo-kaï* et ma grande jonque chinoise, chargée de métaux, quittaient Hanoï pour Hong-kong, emmenant Ly-ta-lâo-yé et son personnel.

J'envoyais en même temps, sur le *Lâo-Kaï*, M. Millot, avec mission de se rendre de Hong-kong à Saïgon pour exposer l'état politique du Tong-kïn au contre-amiral Dupré, gouverneur de nos possessions françaises de la Cochinchine. Voici en substance ce qu'il devait dire à l'amiral : « M. Dupuis est maître du Tong-kïn. A l'exception des troupes annamites venues de Hué, toute la population est pour lui et, sur un signe de celui qu'elle considère comme son libérateur, elle chassera les Annamites et mettra à sa tête un descendant de l'ancienne dynastie des Lê, caché dans les montagnes. Le Tong-kïn pourrait alors être placé sous le protectorat effectif (1) de la France. Il y aurait seulement à organiser une milice tong-kinoise, que l'on pourrait faire ins-

(1) Je dis « effectif », parce que tous ceux qui connaissent la façon dont s'exerce la suzeraineté de la Chine à l'égard de ses vassaux savent que cette suzeraineté est plus nominale que réelle. Elle ne consiste que dans l'envoi périodique d'une ambassade chargée de quelques présents pour l'empereur. En réalité, c'est une suzeraineté plutôt fictive, qui ne me paraissait pas devoir exclure le protectorat effectif de la France. — Quoi qu'on ait pu dire ou écrire, même sous mon nom, telle était, je l'affirme, ma pensée en ce moment.

truire et encadrer par des militaires français : 200 hommes y suffiraient. »

M. Millot était également chargé de dire à l'amiral que j'entendais bien réclamer aux Annamites des indemnités pour le préjudice qu'ils avaient apporté à la réalisation de mon entreprise.

A cette communication, l'amiral répondit par les instructions suivantes :

« *Recommander à M. Dupuis d'user de toute son influence pour arrêter tout mouvement insurrectionnel de la population tong-kinoise.*

« *Se bien garder d'appeler les troupes chinoises au Tong-kïn.*

« *Tenir le* statu quo *pendant trois mois pour permettre à l'amiral, décidé à intervenir, de choisir son heure* (1). »

L'amiral ajoutait que, quant à l'indemnité que je voulais réclamer à l'An-nam, il se chargeait de la faire payer.

M. Millot fit remarquer à l'amiral qu'un

(1) Voir, aux *Annexes*, deux lettres de l'amiral Dupré aux vice-rois du Yûn-nân et de Canton. Ces lettres, très habiles, sont une curieuse révélation des intentions de l'amiral.

séjour de trois mois à Ha-noï, dans l'inaction, occasionnerait des dépenses considérables, (les frais s'élevaient à 55.000 francs par mois) et retarderait l'ouverture du Fleuve Rouge, au risque de me faire perdre la faveur du Gouvernement chinois et de compromettre le succès de mes opérations commerciales.

L'amiral ne parut pas très préoccupé de la manière dont se ferait ce règlement; mais, au sujet de l'argent dont j'avais besoin pour garder le *statu quo*, il fit faire à M. Millot, en mon nom, un emprunt de 30.000 piastres (1), garanti sur tous mes biens et notamment sur l'indemnité de 250.000 piastres (2) que l'amiral avait promis de faire payer aux Annamites, et sur les 10.000 piculs d'étain du Yûn-nân.

Lorsque ces nouvelles me parvinrent, elles me causèrent la plus grande perplexité. Il devait y avoir eu de la part de M. Millot ou de la part de l'amiral de graves méprises. J'avais spontanément décliné les 10.000 hommes de troupes que le maréchal Mâ du

(1) Environ 150.000 fr.
(2) Environ 1.250.000 fr.

Yûn-nân m'avait offerts. Ma position devenait des plus critiques. Il fallait agir, tout en maintenant le *statu quo*, et j'ignorais absolument quels étaient les projets de l'amiral. — D'ailleurs, le problème était fort simple : tout ce qu'il y avait à faire, c'était de rétablir la dynastie des Lê, qui, en prenant possession du nouvel État tong-kinois, se plaçait d'elle-même sous le protectorat français.

J'avais ouvert le Fleuve Rouge à l'exploitation des mines chinoises et répondu ainsi aux désirs des hauts mandarins de la Chine; mais il est certain que je n'aurais pu accomplir ce mandat sans les sympathies que je trouvais autour de moi dans le peuple tong-kinois et sans le concours matériel qu'il était décidé à me prêter. Il avait compté sur mon aide pour reconquérir son indépendance, et je regardais comme un devoir de la lui rendre. En le faisant, je ne causais aucun tort au Gouvernement chinois; je satisfaisais aux sentiments patriotiques dont j'étais animé. En même temps, je marquais ma déférence envers le gouvernement français, qui, tout en gardant sa neutralité conformément aux déclarations de l'amiral Pothuau, m'avait cependant témoigné une sympathie non équivoque par l'envoi du *Bourayne* dans les eaux de Haï-phong.

II

Pendant que M. Millot remplit sa mission auprès du contre-amiral Dupré, de nouveaux événements surviennent au Tong-kïn.

Les mandarins continuent à faire afficher des proclamations qui peuvent se résumer ainsi : défense au peuple d'avoir des relations avec nous, sous peine d'extermination immédiate ou ultérieure.

Nous relâchons le chef de la police ; mais les Annamites n'en gardent pas moins en prison des négociants chinois et des matelots tong-kinois. J'ai toutes les peines du monde à les faire remettre en liberté.

Le 25 juin, dans une entrevue avec le sous-préfet, je lui dis que je ne suis pas venu au Tong-kïn pour nuire au Gouvernement annamite et aux mandarins, mais seulement pour le bien du peuple; du reste, le peuple le comprend bien ainsi. Puis je lui fais des remontrances pour qu'il les transmette à ses supérieurs : « Pourquoi donc punit-on les habitants qui ont des relations avec nous ? Il me répond que les mandarins sont maîtres de faire ce qu'ils veulent de leur peuple. Mais, lui dis-je, ce peuple ne vous appartient pas; c'est lui qui est le maître de ses destinées, et non vous. Voilà soixante et onze ans que vous le tenez dans l'esclavage. Je suis au Tong-kïn depuis un an, et je me crois autant de droits dans ce pays que vous-mêmes, sinon plus. J'ai ajouté qu'ils savaient bien que je n'avais qu'un signe à faire pour que le peuple tong-kinois se levât comme un seul homme et les fît disparaître. A cela, le sous-préfet me répond qu'il ne se préoccupe pas de ces choses; il reçoit des ordres des grands mandarins et il les fait exécuter; puis il a l'audace d'ajouter que nous ferions bien de quitter les maisons que nous habitons à terre ainsi que la pagode, pour nous retirer à bord de nos navires, où on nous laisserait tranquilles. Il n'a aucune mission pour parler ainsi ; mais il le fait pour les assistants, afin que cela soit répété aux mandarins de la citadelle. Je lui dis que les mandarins courent le risque de quitter plus tôt la citadelle que je ne quitterai les maisons que nous habitons; et, sur ces paroles, je pars brusquement (1). »

Il y avait avec le sous-préfet 5 à 6.000 hommes et, moi, je n'étais accompagné que du capitaine Georges et de six de mes gens.

Le 26 juin, une vingtaine de soldats du Kouang-si, commandés par un petit mandarin, arrivent pour se mettre à ma disposition; 500 autres sont près de la frontière et n'attendent qu'un ordre pour venir les rejoindre; mais, notre troupe étant assez nombreuse, je réponds que 100 hommes au plus me suffisent : notre rôle est purement défensif, et non offensif.

Le 30 juin, on vient m'annoncer la disparition de deux hommes de Mang-hâo, qui se trouvaient dans une jonque mouillée au-

(1) Voir mon *Journal de Voyage et d'Expédition*, p. 117. (Challamel, Paris.)

dessus du Hong-kiang. Voici ce qui était arrivé. Ces deux hommes s'étant, malgré ma défense, aventurés à terre pour acheter des légumes, ont été entourés par une nuée d'Annamites sortant des maisons voisines, percés de plusieurs coups de lance et de sabre et traînés au pas de course dans la citadelle où ils moururent.

Afin d'éviter le renouvellement de pareilles atrocités, j'écris le 2 juillet au gouverneur en le prévenant que désormais on tuera comme des chiens tous ceux qui commettront la moindre agression. De plus, on arrêtera toute personne voulant faire acte d'autorité dans la ville marchande, tous ceux qui porteront les insignes de mandarin et le costume de soldat; tous ceux qui seront porteurs d'armes, dont ils ne pourront justifier l'emploi, seront aussi arrêtés et conduits à bord des navires. Dans le cas où cette mesure ne serait pas suffisante pour garantir la sécurité de mes gens, je saurais en trouver de plus énergiques.

Cette dépêche est affichée dans les principaux quartiers de la ville.

III

Depuis quelques jours nous étions un peu plus tranquilles, lorsque le chef des Cantonnais m'apporte, le 13 juillet, de la part du sous-préfet, une dépêche du contre-amiral Dupré. « Elle a été remise ouverte aux Annamites. Le contre-amiral Dupré, m'invite de la part des Annamites, à me retirer du Tong-kïn, puisque, dit-il, j'ai transporté au Yûn-nân les armes destinées au *ti-taï* et que j'ai reçu des métaux en payement.

« Quelle terrible déception n'éprouvai-je pas en apprenant l'ordre inqualifiable, par lequel le gouverneur de la Cochinchine laissait aux Annamites, si je ne me conformais pas à son invitation, la liberté d'employer « *tels moyens qu'ils croiraient devoir prendre pour me chasser* ». Dans ce cas, je serais seul responsable des conséquences qui pourraient en résulter pour moi et mes gens!...

« Les Annamites se sont adressés à Saïgon pour réclamer l'intervention du gouverneur, comme ils s'étaient déjà adressés, mais vainement, au Kouang-si et à Canton. Cette démarche a trahi évidemment leur faiblesse, et le gouverneur a probablement voulu savoir si, en réalité, ils étaient impuissants à nous chasser.

« Si nous n'avions pas été en forces au Tong-kïn pour tenir tête aux satellites de Hué, et que ceux-ci n'eussent été retenus par la crainte de s'attirer des complications avec Saïgon, cette lettre aurait pu nous faire massacrer.

« Cette curiosité du contre-amiral Dupré, de vouloir connaître jusqu'où peut aller l'impuissance du gouvernement annamite fut tout au moins bien imprudente... Je ne peux me l'expliquer qu'en pensant que le départ de cette lettre a précédé l'arrivée de M. Millot à Saïgon.

« Les Annamites, auxquels la rumeur publique a appris l'existence de cette dépêche, s'en vont partout, commentant son contenu à leur façon, disant que Saïgon est avec eux contre nous, qu'ils ont *acheté Saïgon* (ce sont leurs propres termes). Ils affirment même que des ambassadeurs se disposent à se rendre dans cette ville avec des caisses de barres d'argent dont ils fixent le nombre, puis l'affaire de cent balles de soie et d'autres objets, afin de payer l'intervention de Saïgon en leur faveur...

« ... Le peuple est très effrayé des bruits que les Annamites répandent. Si nous ne partons pas tout de suite, disent ces derniers, ils vont nous « *couper en tout petits morceaux*, maintenant qu'ils ont l'autorisation de Saïgon. Il y a longtemps déjà qu'ils l'auraient fait, ajoutent-ils, car ils en avaient les moyens, s'ils n'avaient pas craint de se compromettre avec le Gouvernement de la Cochinchine (1) ».

A la date du 15 juillet, j'écris au gouverneur de la Cochinchine que, les faits ayant été dénaturés par les Annamites, je compte « que M. Millot, arrivé sans doute depuis peu à Saïgon, lui aura fait connaître notre situation véritable sur le Fleuve Rouge.

(1) Voir mon *Journal de Voyage et d'Expédition*, p. 125 et suiv. (Challamel, Paris).

« Je lui dis également que le Ministre du Commerce et des Affaires étrangères de l'Annam est bien audacieux de lui avoir adressé des plaintes contre nous, quand c'est nous, au contraire, qui aurions des réclamations à formuler.

« Que la conduite que nous avons tenue au Tong-kïn depuis notre arrivée est exempte de tout blâme et que, si nous mettions sous les yeux du monde entier nos actes de chaque jour en regard de la conduite qu'ont tenue les mandarins envers nous et envers le peuple, il n'y aurait qu'un cri d'indignation et de colère contre de pareils tyrans.

« Que le seul but de mon expédition a toujours été d'ouvrir par le Fleuve Rouge une voie de communication avec le Yûn-nân, pour acheminer sur Saïgon les riches produits de cette province. Aujourd'hui cette nouvelle route est ouverte ; mais les mandarins de Hué veulent la fermer de nouveau.

« Que j'ai passé des contrats avec les mandarins du Yûn-nân pour une somme de six millions. Ces contrats doivent être exécutés à la fin de l'année, et je suis retenu ici dans le Tong-kïn parce que je ne veux pas user de la force pour passer.

« Que je n'en réserve pas moins tous mes droits contre le Gouvernement annamite ; que je regrette de ne pouvoir donner satisfaction à l'ordre que le gouverneur me donne, mais qu'il m'est impossible de quitter le Tong-kïn (1). »

IV

Notre situation était devenue telle, que je crus devoir écrire, à la même date du 15 juillet, une seconde lettre au contre-amiral Dupré. Voici ce que je lui disais, après lui avoir relaté les événements survenus à notre convoi de sel.

« Après cette affaire, le maréchal Nguyen crut le moment venu pour mettre ses projets à exécution. Un appel fut adressé au peuple de Ha-noï, aux Chinois comme aux Tong-kinois des environs, pour se joindre aux soldats, afin d'en finir avec nous. Nous

(1) Voir mon *Journal de Voyage et d'Expédition*, p. 127 et suiv. (Challamel, Paris).

resserrions nos rangs sans crainte ni faiblesse, mais aussi sans provocation ni fanfaronnade. Des nuées de soldats, déguisés en coolies, inondaient les rues de la ville pour nous surprendre isolément. Je recommandai à mes hommes de ne sortir qu'en nombre et bien armés, et seulement pour les besoins les plus urgents. Le premier jour, les Annamites me prenaient deux pauvres matelots du Yûn-nân et les mettaient à mort après leur avoir fait subir les plus grandes tortures. Ils emprisonnaient et torturaient les Tong-kinois qui avaient eu quelques rapports avec nous.

« Cela ne dura pas longtemps parce que ceux qui se croyaient compromis venaient dans notre quartier, sous notre protection. Tous les moyens furent employés. On tenta d'incendier nos bateaux, de nous prendre par la famine... etc., etc. Tous les jours, les Annamites devaient nous attaquer, mais ils ne venaient pas souvent... Nos têtes étaient mises à prix : quatre barres d'argent (1)

(1) La barre d'argent valait 80 francs.

pour un Chinois et dix pour un Européen. On a même élevé le prix à cent barres d'argent ou mille taëls pour la mienne. Mais les habitants de Ha-noï ont préféré recevoir les coups de bâton du maréchal que son or empoisonné.

« Les Tong-kinois voudraient voir les Européens chez eux, et, comme les premiers arrivés sont Français, ils font des vœux pour que les Français viennent. Voilà d'où vient la grande animosité des mandarins contre mon expédition; et, malgré toutes les tortures qu'ils infligent à ceux qui entretiennent des relations avec nous, on nous a toujours procuré des vivres, de jour, sinon de nuit.

« Le 3 juillet, le maréchal Nguyen, voyant qu'il ne pouvait rien faire contre nous et que le peuple se moquait de lui, me fit dire qu'il ne ferait plus prendre mes hommes et me priait de mon côté de ne plus faire descendre mes hommes armés. Depuis ce jour, nous sommes tranquilles.

« Les seize barques, qui sont ici à attendre avec leur chargement, devaient prendre au Yûn-nân 2,500 à 3,000 piculs (1) de cuivre et d'étain, représentant sur la place de Hong-kong une valeur de 60 à 80,000 dollars (2). Ces barques seraient de retour aujourd'hui.

« Il est arrivé, il y a quelques jours, des dépêches de Hué ainsi qu'une lettre de Mgr Gauthier, écrite de la part du roi, pour moi. Il semble que les Annamites veuillent faire un arrangement. Je demande 200,000 taëls (3) d'indemnité.

« J'ai l'honneur... etc.

« *Signé* : J. Dupuis (4). »

V

Cinq jours après l'arrivée de la dépêche de Saïgon, un envoyé de Nguyen vient me demander ce que je ferais si on me laissait libre de remonter au Yûn-nân avec mes

(1) C'est-à-dire environ 150 à 180.000 kilogrammes.
(2) Soit 3 à 400.000 francs.
(3) 1.600.000 francs.
(4) Mon *Journal de Voyage et d'Expédition*, p. 128. (Challamel, Paris.)

jonques chargées de sel. Je lui réponds que je ne veux rien entreprendre avant d'avoir des nouvelles de Cochinchine. « Mais, en attendant, l'indemnité que je compte réclamer au gouvernement de l'An-nam pour le préjudice qu'il cause à nos opérations commerciales, grossit tous les jours. Plus les mandarins me susciteront d'entraves, plus la somme à payer sera forte. Elle s'élève déjà actuellement à 1.600.000 francs. »

Un peu inquiet de mon assurance, Nguyen m'envoie le lendemain le même émissaire pour me dire de sa part que, si l'on a tiré sur mes jonques, ce n'est pas pour les empêcher de passer, mais uniquement parce qu'elles n'avaient point acquitté le droit de douane. Nous avons donc eu tort de passer, et on ne nous doit aucune indemnité.

Le 2 août, survient une visite d'un autre genre. Un chef du parti des Lê va trouver le capitaine Georges et lui dit qu'il tient à notre disposition 3.000 hommes et 30 jonques à la Cat-ba, sans compter les hommes qui sont cachés dans la montagne du côté de Thaï-nguyen. Bref, pourvu que nous nous entendions avec lui, il nous assurera le concours de toutes ses forces. Je lui réponds que le moment d'agir n'est pas encore venu.

Ces ouvertures ne sont pas du reste les premières de ce genre que je reçoive. Le dernier roi a trois neveux qui se sont réfugiés dans les montagnes, et j'ai déjà eu des rapports avec l'aîné de ces princes, un homme d'environ quarante-cinq ans.

Il existe aussi dans les montagnes des tribus indépendantes qui luttent contre les Annamites en faveur de la dynastie tongkinoise. Elles comptent également sur mon aide et, au premier signal, elles se mettront à ma disposition et marcheront sur Ha-noï. J'ai beaucoup de peine à les retenir.

Quelques semaines auparavant, le maréchal Nguyen était parti en tournée d'inspection dans les provinces maritimes et, le 17 août, Mgr Puginier m'avertit que le but de ce voyage était de permettre à ce haut personnage de prendre les mesures les plus énergiques pour nous empêcher de remonter le fleuve. « Le maréchal, me dit-il, est allé visiter lui-même les barrages que l'on établit sur le Cua-loc et a donné des ordres pour que l'on en construisît de nouveaux sur plusieurs points par où il suppose que vos navires tenteront de passer afin de remonter à Ha-noï.

« Depuis quelques jours, ajoute-t-il, je vois circuler devant ma résidence de grandes barques, chargées de blocs de granit destinés à la construction des barrages. Certainement, on prépare quelque coup de force contre vous, et le calme dont vous jouissez est l'indice de quelque grande tempête (1). »

En effet, les tracasseries ne tardent pas à recommencer de plus belle, coïncidant avec le retour de Nguyen. Dès le lendemain de son arrivée, le 27 août, les autorités répandent le bruit que les Français veulent prendre le Tong-kïn par les armes. « A Saïgon, on fait payer 40 ligatures à chaque Annamite et on fera la même chose au Tong-kïn, si la France devient maîtresse de ce pays. Le peuple alors regrettera ses mandarins et verra qu'il a eu tort de ne pas les défendre. »

(1) Mon *Journal de Voyage et d'Expédition*, p. 133, (Challamel, Paris.)

Le 29 août, on met en prison deux des huit porteurs, qui, quelques jours auparavant m'avaient conduit au canal de Song-ki avec le capitaine Georges. Les autres ont réussi à se sauver.

Le lendemain, deux de mes hommes sont victimes d'un guet-apens. Un peu au-dessus de notre mouillage, 100 à 150 soldats, déguisés en coolies et ayant des armes cachées sous leurs vêtements, étaient occupés à décharger des jonques pleines de riz qui appartenaient au Gouvernement annamite. Sans méfiance, trois soldats du Yûn-nân s'aventurent dans ces parages pour acheter du bois; mais brusquement, ils sont enveloppés par les prétendus coolies qui les criblent de coups et les entraînent vers la citadelle. Un certain nombre de mes gens volent à leur secours, les délivrent et s'emparent de dix fuyards, dont huit sont blessés. Quelques jours après, nous les échangeons contre les deux porteurs.

Depuis déjà longtemps, on m'avait prévenu que les mandarins réquisitionnaient tout le coton et l'huile qu'ils pouvaient trouver dans le haut du fleuve, afin de confectionner des radeaux incendiaires, destinés à brûler nos navires.

Le 1er septembre, on m'assure qu'une grande quantité de ces radeaux sont prêts et que les mandarins les tiennent entre Sontay et la Rivière Noire. Ils sont formés simplement de cadres de bambous réunis par des treillages sur lesquels reposent des jarres pleines de coton imbibé d'huile. On construit, en outre, plusieurs milliers de petits sampans, également tressés en bambous et enduits à l'intérieur d'un ciment particulier pour qu'ils puissent porter une certaine quantité d'huile de coton et de paille et être lancés tout en feu sur nos navires.

D'après une lettre de Canton, dont me fait part le chef des Cantonnais, mes bateaux envoyés à Hong-kong ne tarderont pas à revenir. Aussi, le 2 septembre, j'envoie ma chaloupe par le Song-ki jusqu'à l'embouchure du Thaï-bïnh. Le *Lào-kaï* et la jonque devant remonter par là, je dois veiller à ce qu'on n'y établisse pas de barrages, car c'est la seule voie de communication qui nous reste avec la mer.

VI

Dans les premiers jours de septembre, et malgré mes refus, des troupes arrivent du Kouang-si par escouades de 30 à 40 hommes. Cependant, notre nombre commence à inquiéter sérieusement les Annamites, et le maréchal Nguyen veut tenter un grand coup. Le 11 septembre, au matin, il opère une sortie, avec ses meilleurs soldats et les hauts mandarins auxquels il prétend montrer son habileté. Il se dirige sur les rives du fleuve vers un promontoire, à peu de distance d'une digue servant à protéger la ville contre les inondations et dont les glacis sont couverts de bambous et de grands arbres.

Du *Hong-kiang*, on aperçoit tout à coup les pavillons et les parasols. Le capitaine Georges crie de son bord aux hommes de Han-kéou qui sont sur les jonques et, par conséquent, plus près de terre, d'aller voir ce qui se passe. Quatorze soldats partent aussitôt. A 800 mètres plus loin, comme les arbres leur masquent la vue, ils montent sur la digue pour examiner le versant opposé. Ils se trouvent alors en présence d'un grand nombre de soldats annamites, cachés dans les bambous. Ils se disposent à revenir sur leurs pas pour chercher du renfort, lorsqu'ils voient leur retraite coupée par plus de 300 hommes et des masses, plus considérables encore, arrivant sur eux de toutes parts. Leur sang-froid ne se dément pas un instant, sachant d'ailleurs à quoi s'en tenir, sur le courage de leurs adversaires.

Aux premières décharges de la petite troupe, tous les soldats annamites prennent la fuite. Ceux qui sont cachés dans les pagodes, à une certaine distance du théâtre de l'action, entendant la fusillade sans pouvoir se rendre compte de ce qui se passe, à cause des arbres et des bambous qui interceptent la vue, croient que toute notre expédition est sur pied et, au lieu de marcher au feu, se sauvent à toutes jambes dans la direction de la porte du Nord pour se mettre à l'abri. De leur côté, les mandarins et lui-même le maréchal en font autant. Bref, c'est un sauve-qui-peut général.

Au moment où la reconnaissance partait pour éclairer l'ennemi, on donnait des instructions à bord pour être prêts à tout événement. A la première détonation, tous les hommes sont partis au pas de course sous la conduite de leurs officiers, et sont arrivés sur le théâtre de la lutte pour commencer la poursuite (1).

Nous venons d'affronter 4 à 5.000 hommes, choisis parmi les meilleurs soldats du maréchal, mais il est vrai que 3 ou 400 seulement se sont trouvés engagés avec les hommes de Han-kéou.

Les Annamites laissent sur place des morts et des blessés, et, de notre côté, deux hommes sont atteints mais non grièvement.

VII

Le 16 septembre, la chaloupe le *Son-tay*, que j'avais envoyée au Thaï-binh à la ren-

(1) *Journal de Voyage et d'Expédition*, p. 142 et suiv. (Challamel, Paris.)

contre du *Lão-kaï*, revient à Ha-noï ayant à son bord M. Ducos de la Haille. Celui-ci vient, en remplacement de M. Millot retenu à Chang-haï par ses affaires. Le *Lão-kai* et la jonque chinoise sont restés en arrière, et il y a en outre un nouveau bateau à vapeur de rivière à roues, le *Mang-hão*.

Ly-ta-lão-yé, qui était parti avec son personnel, en même temps que M. Millot, revient avec ces navires. A bord de ceux-ci avaient également pris place, à Hong-kong, quatre jeunes missionnaires français, dont l'un est aujourd'hui Mgr Gendreau, le successeur de Mgr Puginier à l'évêché du Tong-kïn.

Le lendemain matin, nous repartons avec le *Son-tay* pour aller au devant des bateaux et remorquer la grande jonque lourdement chargée.

Le 19, au moment où nous entrons dans Ha-noï, nous sommes salués par tous mes navires et par les hommes du maréchal MÂ, que le capitaine Georges a fait mettre en grande tenue, leurs étendards déployés. Ils sont rangés dans la rue qui porte aujourd'hui mon nom.

Ly-ta-lâo-yé est porteur de dépêches du vice-roi de Canton, que celui-ci lui a fait parvenir par l'intermédiaire du consul de France, M. le comte de Chappedelaine. C'est là un grand évènement, car jusqu'ici les mandarins se sont prévalus de l'absence de ces dépêches pour entraver nos relations avec le Yûn-nân. Mais il est une chose dont ils ne se vantent pas, c'est que la cour de Hué et le maréchal Nguyen ont déjà reçu les lettres destinées à m'accréditer.

Après avoir reproduit toute la correspondance échangée sur cette affaire avec les autorités du Yûn-nân et du Kouang-si, selon l'usage chinois, la dépêche du vice-roi de Canton s'adresse ainsi aux Annamites :

« En réponse à votre requête, j'ai à vous faire savoir que le 16 de la 6e lune (10 juillet 1873) du règne de Tong-tze, j'ai reçu une dépêche du vice-roi du Yûn-nân. Il m'informe que M. Dupuis (Téou) est bien chargé par Mâ-yû-long, *ti-taï* du Yûn-nân, d'acheter du matériel de guerre et des navires étrangers destinés à effectuer des transports à travers le Tong-kïn, pour les besoins de la province du Yùn-nân, où M. Dupuis est impatiemment attendu. J'ai d'ailleurs été informé officiellement par M. Dupuis de sa mission, et je vous invite à donner des ordres pour qu'il ne soit plus entravé à l'avenir.

« Je viens d'écrire aux mandarins du Yùn-nân, au vice-roi, au *fou-taï* et au *ti-taï* ainsi qu'au *fou-taï* du Kouang-si, que M. Dupuis n'éprouvera plus de difficultés de la part de vos mandarins, lorsque vous connaîtrez officiellement sa mission. J'adresse également une dépêche à M. Dupuis pour l'instruire de cette affaire.

« J'informerai aussi les autorités du Yùn-nân de vos réclamations, concernant les diverses marchandises dont vous me parlez. Ces autorités vous écriront à ce sujet, afin d'éviter de nouvelles protestations, sans objet de votre part. »

Si l'on se rappelle que le vice-roi de Canton est l'intermédiaire officiel entre la cour de Pékin et la cour de Hué et que la Chine est suzeraine de l'An-nam, on s'expliquera le ton d'autorité avec lequel parle le vice-roi de Canton.

Les Annamites s'étaient plaints auprès de celui-ci de ce que je voulais importer du sel au Yûn-nân, quand les dépêches du *ti-taï* n'en faisaient point mention. C'est principalement ce détail que je relève et que j'ai traduit par ces mots : « sans objet de votre part ».

Les termes chinois ont beaucoup plus de force et donnent à entendre aux Annamites que leur réclamation est le comble de la puérilité.

Le 22 septembre, nous invitons les mandarins à se rendre au *kouéi-kouang* pour prendre connaissance des dépêches qui me sont adressées. Après cela ils ne pourront plus faire les ignorants. Bien entendu, simulant la surprise, ils disent qu'ils n'ont jamais rien reçu du vice-roi de Canton.

Mais, en dépit des ordres de celui-ci, les hostilités continuent. Un jeune Tongkinois, entré au service d'un officier du *Hong-kiang*, étant allé voir sa famille, est pris par le sous-préfet et reçoit cent coups de bâton.

Le même jour, un grand nombre de coolies, qui travaillent au déchargement de nos bateaux, ont disparu, à la suite des menaces de la police annamite.

VIII

Il est certain qu'à cette heure il nous aurait fallu agir avec énergie contre les mandarins; mais la recommandation du contre-amiral Dupré à M. Millot, « d'éviter tout conflit afin de lui permettre d'intervenir à son heure, » m'engageait à prendre beaucoup de ménagements pour ne pas m'exposer à être obligé d'en finir avec les Annamites.

Cependant, le 29 septembre, je somme le sous-préfet d'autoriser le peuple à travailler pour nous. « Si cet ordre n'est pas suivi dans les vingt-quatre heures, lui dis-je, je saurai bien trouver des moyens de le faire exécuter. »

Les autorités comptent que Mgr Puginier les aidera à sortir de cette position, et ils prient l'évêque de venir à Ha-noï.

Celui-ci, ne sachant ce que signifie cette invitation, ne veut rien faire sans me consulter et m'écrit une lettre à laquelle je réponds aussitôt. Je reproduis ici ces deux missives.

Voici d'abord celle de Mgr Puginier :

« Monsieur Dupuis,

« J'ai été invité par les mandarins à monter à la ville ; il ne m'a pas été possible de refuser sans augmenter les soupçons que l'on a contre nos missions ; mais je crains bien que les mandarins n'aient l'intention de me faire jouer un rôle qui ne me convient pas et que je ne pourrai probablement pas accepter. Je pense que c'est au sujet de vos affaires. Je suis parti hier matin accompagné de M. Dumoulin. Je n'ai pas voulu me presser d'entrer à la ville ; c'est pourquoi je passe cette nuit dans une chrétienté, distante de Ha-noï d'une lieue seulement.

« J'ai ouï dire qu'aujourd'hui même vous avez prié les mandarins de vous trouver des hommes pour demain, et, au besoin, vous les en avez sommés. Je serais bien aise de connaître, avant de monter à la ville, votre position vis-à-vis des mandarins, afin que, s'il en était besoin, je puisse retarder ma montée jusqu'à demain au soir ou après-demain pour voir comment se dessineront les affaires au sujet de vos barques. Je vous serai bien reconnaissant, si vous voulez avoir la bonté de m'écrire quelques mots à ce sujet par le porteur de ma lettre qui me rapportera votre réponse.

« Je vous prie de me croire toujours votre très humble et tout dévoué serviteur.

« *Signé* : P. Puginier,
év. vic. ap.

Je répondis à Mgr Puginier :

« Monseigneur,

« Vous avez été parfaitement renseigné. Hier à midi, je suis allé chez le sous-préfet et lui ai signifié d'avoir à exécuter, dans les vingt-quatre heures les ordres du vice-roi de Canton, c'est-à-dire de nous laisser remonter au Yûn-nân et de nous faciliter la mise à exécution de ce projet.

« Nous avons demandé de plus la mise en liberté de gens appartenant au personnel de l'expédition ou nous ayant prêté leur concours.

« Si, à l'expiration du délai que j'ai fixé, la satisfaction que j'ai réclamée n'est pas accordée, j'emploierai les moyens d'action dont je dispose, et aucune considération ne pourra m'arrêter.

« Voyez, Monseigneur, s'il est prudent de vous livrer aux mains des mandarins qui pourraient peut-être vous garder en otage.

« J'ai l'honneur, etc.,

« *Signé* : J. DUPUIS. »

IX

Les vingt-quatre heures de délai accordées s'étant écoulées sans que nous ayons reçu aucune réponse des mandarins, nous nous présentons le 1er octobre au point du jour à la porte principale de la sous-préfecture que nous menaçons d'enfoncer. Un tumulte épouvantable se produit à l'intérieur, et les hommes préposés à la garde de cette porte se précipitent vers une seconde issue et l'ouvrent pour s'enfuir.

Le capitaine Georges pénètre par là avec ses hommes et nous ouvre l'entrée principale. Plus de mille soldats, réunis dans la sous-préfecture en prévision d'une attaque, sont surpris dans leur sommeil, et, sans songer à défendre leur maître, s'enfuient à toutes jambes.

Nous nous introduisons dans l'intérieur, et la première personne qui se présente à nous est le pauvre sous-préfet, en costume de nuit, qui vient pour voir ce que signifie ce vacarme. En même temps sa femme et ses enfants nous supplient d'avoir pitié d'eux, et nous les rassurons en leur promettant que personne ne mettra le pied dans leur logement privé.

Quant à notre prisonnier, nous lui faisons apporter ses vêtements, afin qu'il puisse nous suivre décemment, et nous le conduisons même dans son filet à bord du *Lâo-kaï*. Comme nous le traitons avec égards, il ne paraît pas trop affecté de son sort. Il ne craint qu'une chose, c'est d'être empoisonné; aussi, ne mange-t-il que les aliments qui lui sont apportés par sa famille.

Nous avions l'intention, avant de quitter la sous-préfecture, de la rendre inhabitable pour un autre fonctionnaire; mais nous avions cru la chose plus facile à accomplir qu'elle ne l'était, et nous n'avons démoli qu'une faible partie de la salle du prétoire et des réceptions. Quelques soldats, chargés de faire respecter la case de leur maître, nous ont même aidé dans cette œuvre de destruction.

Le soir même, Mgr Puginier arrive à bord du *Lâo-kaï* et me demande une entrevue de la part des mandarins.

Cette entrevue eut lieu le lendemain et n'eut aucun résultat. L'évêque, auquel j'avais communiqué la dépêche du vice-roi de Canton, servait d'interprète.

Une seconde entrevue eut lieu le 4 octobre. Il était convenu avec Mgr Puginier qu'il prendrait très fortement le parti des mandarins et que je n'accèderais à ses prières qu'avec beaucoup de difficulté afin de donner quelque importance à son intervention vis-à-vis des autorités annamites.

Bref, comme l'évêque a peur pour ses chrétiens et que, pour me conformer aux intentions du contre-amiral Dupré, je veux éviter tout conflit, je fais quelques concessions. Il est décidé que je pourrai employer les matelots nécessaires pour conduire au Yûn-nân le convoi de 2,000 piculs de sel, arrêté au commencement de juin. Je n'en rends pas moins le gouvernement annamite responsable du préjudice qu'il m'a causé par l'arrêt de mes jonques, préjudice que j'estime à plus de 100,000 fr. Les autorités, de leur côté, prennent l'engagement solennel de ne plus rien tenter contre les gens qui entreront à notre service.

Le 5 octobre, quelques heures avant le départ de Mgr Puginier, Nguyen, toujours par l'entremise de l'évêque, m'exprime le désir de m'offrir quelques cadeaux et me demande une entrevue. Craignant un piège, je refuse d'accorder cette entrevue; mais je fais répondre au maréchal que, s'il veut me faire l'honneur de visiter mes navires, il sera le bienvenu.

CHAPITRE XI

I. En route pour le Yûn-nân. Beaucoup de fumée sans feu. Destruction des radeaux incendiaires. Établissement d'un camp fortifié à Seau-tun. Retour à Ha-noï. — II. Saïgon intervient. Déclarations de Francis Garnier. Son arrivée. Le salut à la France.

I

Le 8 octobre, nous quittons Ha-noï pour le Yûn-nân avec douze jonques chargées de sel, et trois autres, ayant à bord les hommes nécessaires pour protéger le convoi; ces trois jonques sont remorquées par le *Mang-hâo*.

C'est en vain que les Annamites ont construit deux forts au-dessus de Hung-hoa pour nous empêcher de passer. Sans m'inquiéter ni des gardiens de ces forts ni des pavillons, ni des radeaux incendiaires qui sont échoués le long des rives, j'interpelle le chef : « Si vous essayez d'entraver notre route, je vous mitraille tous jusqu'au dernier. Laissez-nous passer, et nous serons les meilleurs amis du monde. » Puis je les somme de baisser immédiatement tous ces pavillons qui flottent sur les murs. Ils s'empressent d'obéir.

Un grand nombre de soldats, que la peur tenait cachés derrière les parapets, se rassurent peu à peu et finissent par montrer la tête. Pour leur donner une idée de la puissance de nos armes, je fais tirer un coup de canon sur un banc de sable, où l'obus éclate en produisant le bruit du tonnerre.

Ces malheureux savent bien que je ne leur veux aucun mal; mais, s'ils tiennent à garder leur tête, ils sont obligés, par ordre des mandarins, de prendre une allure hostile. Parmi eux se trouvent des Tong-kinois, toujours disposés à se mettre de notre côté.

Un peu au-dessus de ces forts, nous trouvons tout le long des rives, à droite et à gauche, des retranchements d'où l'on devait tirer sur nous. Plus loin, on avait préparé des barrières en bambou, destinées à être placées en travers du fleuve. Il y avait encore là plus de mille petits radeaux incendiaires. Je mets le feu à tous ceux qui sont à terre et j'en détruis autant que possible. Les hommes qui sont à côté ne nous opposent aucune résistance. Même le peuple, attiré en foule pour voir « un bateau qui marchait tout seul », s'amusait et riait de voir flamber ce qu'on lui avait fait construire au moyen de la corvée. C'était pour lui autant de feux de joie.

Nous continuons notre route jusqu'à Kïn-tchi-hien. Les travaux de fortification et les engins destructeurs sont considérables dans tous les environs. Pour les préparer, on avait employé 50,000 paysans pendant deux mois. Comme, d'un petit fort, on nous tire quelques coups de fusil, je fais descendre à terre une cinquantaine de soldats du Kouang-si pendant que le *Mang-hâo* monte se placer en face ; mais tous les défenseurs annamites, au nombre de 200 environ, se sauvent dès qu'ils aperçoivent mes hommes.

A Kouen-ce, nous renouvelons nos provisions, que les *Pavillons Noirs* nous font payer fort cher. Je parle très durement à ces bandits : « Le jour où vous tenterez quelque chose contre moi, leur dis-je, je vous exterminerai tous, depuis Lâo-kaï jusqu'à Ha-noï. »

En amont de Kouen-ce, au camp de Seautun, la navigation devient impossible pour le *Mang-hâo.*

Depuis longtemps, j'avais choisi ce lieu pour y établir un port, car, en toute saison, des bateaux tels que le *Mang-hâo* peuvent remonter jusque-là. De plus, une petite anse, autour de laquelle trois mamelons forment une défense naturelle, fait de cet endroit un abri pour les barques. Désormais, celles qui descendront du Yûn-nân trouveront là un refuge, en attendant que des bateaux à vapeur viennent les remorquer.

Nous commençons immédiatement les travaux les plus pressés pour l'établissement de ce petit camp et, afin d'assurer sa défense j'y installe 106 hommes du Kouang-si avec 3 Européens.

Tandis que, le 23 octobre, les jonques partent pour le Yûn-nân portant trois autres Européens, et trente hommes de l'escorte du maréchal MÂ, je descends avec le *Mang-hâo* sur Ha-noï, où nous parvenons le 27 octobre.

II

En arrivant, j'apprends que des navires de guerre sont dans le Cua-cam. C'est enfin Saïgon qui arrive!

Dès le lendemain, nous nous préparons à recevoir l'expédition envoyée par le Gouverneur de la Cochinchine et, le soir, je reçois de M. Garnier la lettre suivante :

« *Mission des Dominicains*.

« 26 octobre 1873.

« Mon cher Monsieur Dupuis,

« Je suis arrivé, vous le savez déjà peut-être, par le *d'Estrées*, avec la mission officielle de faire une enquête sur vos réclamations contre le Gouvernement annamite et sur les plaintes de celui-ci à votre endroit. Ma mission ne se borne pas là. L'amiral désire mettre un terme à la situation équivoque du commerce étranger au Tong-kïn, et contribuer, autant qu'il est en lui, à la pacification de cette contrée. Je compte beaucoup sur votre expérience du pays pour m'éclairer sur la meilleure solution de ce difficile problème.

« Il est bon cependant — et vous comprendrez aisément pourquoi — que nos relations n'aient, au début, qu'un caractère officiel. A un certain point de vue, je suis un juge qui ne doit se laisser prévenir par aucune des deux parties. Mais je puis au moins vous prémunir contre les bruits exagérés que les Annamites ne manqueront pas de faire courir sur les motifs de ma venue, et vous affirmer, de la façon la plus positive, que l'amiral n'entend abandonner aucun des intérêts commerciaux engagés. Il vous a, d'ailleurs, donné des preuves non équivoques de la vive sympathie qu'il porte à votre entreprise.

« Je serai sous très peu de jours à Ha-noï, où nous pourrons causer ensemble de la situation politique du pays et de ses difficultés momentanées. J'ai tenu à vous faire parvenir ces lignes par une voie autre que la voie annamite. Elles vous seront envoyées par les soins de la mission espagnole de Haï-Dzuong.

« Agréez, etc...

« *Signé* : Francis Garnier. »

Le 3 novembre, à 11 heures du matin, je pars avec le *Mang-hao* pour aller au-devant de M. Garnier. Nous nous rencontrons à 6 heures et demie à quatre ou cinq milles du Thaï-binh, dans le canal Song-ki, où nous mouillons.

Le 5, à deux heures, nous arrivons ensemble devant Ha-noï. M. Garnier a fait placer une petite pièce de canon sur son canot à vapeur afin de pouvoir saluer la rade. Il fait un salut d'un seul coup de canon. Mes deux canonnières, ainsi que la jonque, saluent chacune le représentant de la France de neuf coups de canon. Le petit canon de M. Garnier rend le salut.

Tous les soldats du Yûn-nân sont sur le rivage, en grande tenue, et les étendards du *ti-taï* déployés. Au moment où M. Garnier descend à terre à la tête de ses officiers, les soldats du Yùn-nân forment la haie et lui présentent les armes (1).

(1) *Journal de Voyage et d'Expédition*, page 166. (Challamel, Paris).

CONCLUSIONS

Ici se termine ce volume. Nous espérons que nos lecteurs auront pu suivre sans trop de fatigue le récit des aventures extraordinaires dont nous nous sommes trouvé presque involontairement le héros principal.

Il a fallu d'abord que les circonstances m'amenassent à faire à Chang-haï la connaissance de M. Eug. Simon, qui devait m'entraîner au cœur de la Chine. Il a fallu ensuite la rencontre de la mission Sarel et Blakiston, cherchant à ouvrir une communication entre la Chine et l'Inde. Il a fallu enfin les différentes insurrections de Chine et l'impuissance du gouvernement de Pékin à les réprimer pour m'amener à lui fournir des armes et à gagner sa confiance.

C'est ainsi que je me trouvai en relations d'amitié aussi bien que d'affaires avec les plus grands personnages de Chine et surtout avec les autorités du Yûn-nân. Dans nos conversations fréquentes, il fut question de la voie du Fleuve Rouge, que je considérais comme la voie la plus courte pour atteindre la mer au travers d'un pays vassal de la Chine. Désormais, l'étude de cette voie et son ouverture à la libre navigation et au libre commerce devinrent pour moi une idée fixe, que je poursuivis avec ténacité. On a vu que les autorités du Yûn-nân considéraient cette entreprise comme difficile à réaliser. Ils ne croyaient point que personne pût réussir là où ils se sentaient impuissants.

Nos lecteurs ont pu voir comment le succès a couronné nos efforts persévérants. Ils ont pu aussi se rendre compte de la difficulté de ma situation, une fois les événements accomplis. Ils auront apprécié certainement comme il convient la préoccupation constante qui hantait mon esprit, non d'appeler les Chinois au Tong-kïn, non plus que d'y attirer les Anglais de Hong-kong qui ne se seraient pas fait prier un seul instant, mais d'y installer la France pacifiquement.

J'étais le seul maître incontesté de ce pays; je pouvais y installer la dynastie nationale des Lê, que je faisais placer sous le protectorat français, et, avec 200 instructeurs, il était facile d'y organiser les milices suffisantes pour maintenir l'ordre.

On eût en outre demandé en France le personnel technique nécessaire pour l'organisation des douanes, des divers services administratifs, de la marine, etc., etc. Il eût été payé sur les ressources locales, sans qu'il en coûtât un centime au budget de la métropole.

En agissant au moment voulu, avec l'amitié de la Chine, tout pouvait se résoudre simplement, sans complications, sans obstacles, dans un délai assez court. Pourquoi a-t-il fallu que les fautes politiques commises par le Gouvernement de la Cochinchine puis plus tard par la métropole soient venues bouleverser du tout au tout une situation si facile et si simple ? Les tergiversations, le manque de franchise et d'honnêteté, les imprudences, ont engendré toute une série de complications, dont nous suivrons le développement dans un second volume sur l'*Intervention Française*.

Qu'on le sache bien, Jean Dupuis n'a jamais été animé que d'une idée, une idée patriotique, dont on ne lui a guère sugré, celle de faire profiter son pays des avantages de la grande situation qu'il avait conquise au milieu des Chinois. Au lieu de cela, on lui a jeté la pierre. L'administration lui a fait une guerre acharnée pour ne point être obligée de reconnaître les grosses erreurs qu'elle avait commises. On a voulu le rendre responsable des embarras que le Gouvernement a rencontrés au Tong-kïn, des centaines de millions qu'on y a enfouis bien inutilement, des dizaines de milliers d'existences humaines que l'occupation de notre belle colonie a coûté à la France !

Si on m'eût écouté, tout cela eût été évité, et la France aurait pris possession du Tong-kïn sans coup férir pourvu qu'elle apportât de la suite, de la résolution et de l'honnêteté dans ses rapports avec l'An-nam et la Chine. A l'origine, j'étais une force dont on eût pu se servir et qui aurait aplani bien des difficultés; mais, au lieu de recourir à mes conseils et à mon initiative, on s'est toujours obstiné à me mettre systématiquement de côté, et ce fut là l'origine de toutes les complications avec lesquelles on s'est trouvé aux prises et qui, hélas! ont coûté si cher.

Mais, en France, l'administration n'aime point les choses qui peuvent se faire simplement. On ne sait pas non plus agir à temps, et enfin, comme on veut tout diriger, tout gouverner de Paris, la métropole, absolument étrangère aux questions dans lesquelles elle veut intervenir, commet faute sur faute; ses agents extérieurs, souvent mal préparés mais, en outre, connaissant son inexpérience et son manque de suite, n'osent pas s'engager ni prendre une initiative. Ils hésitent, ils tergiversent; ils laissent ainsi aux peuples concurrents le temps de se reconnaître, de mesurer notre faiblesse et de nous tenir en échec.

Nos lecteurs retrouveront dans le nouveau volume que nous publierons l'histoire de tous les agissements français au Tong-kïn; ils pourront y suivre les diverses phases par lesquelles a passé notre occupation et voir le départ des diverses responsabilités encourues dans la conduite de la colonie.

J. Dupuis.

ANNEXES

Tchefou, le 28 août 1873.

Le ministre de France en Chine.

J'ai reçu, Monsieur, la lettre que vous m'avez adressée, le 25 mai dernier, pour me faire connaître les détails de votre entreprise au Yûn-nân. Je vous félicite du premier succès que vous avez obtenu.

J'apprécie, comme vous, les résultats de la nouvelle voie commerciale, dont vous avez pratiquement démontré les avantages. J'espère qu'elle aura pour effet d'étendre notre influence dans des pays où elle n'a pas encore pénétré et qui semblent bien préparés à la recevoir.

Recevez, Monsieur, l'assurance de ma parfaite considération.

Signé : L. de Geofroy.

COCHINCHINE FRANÇAISE

CABINET
DU GOUVERNEUR
Commandant en chef

N°

Saïgon, 1er septembre 1873.

A SON EXCELLENCE LE VICE-ROI DU YÛN-NÂN.

J'ai appris, avec la joie la plus vive, le succès de Votre Excellence sur les mahométans rebelles, et je lui en adresse mes félicitations les plus sincères. Elle sait déjà sans doute tout l'intérêt que je porte à la belle province qu'elle gouverne.

C'est avec mon assentiment que le commandant de navire Ngan (Garnier), qui a déjà visité le Yûn-nân, il y a cinq ans, comme envoyé du gouvernement français, lui avait offert son concours pour la prise de la ville de Taly, et j'étais disposé à aider Son Excellence de toutes mes forces pour atteindre un but si désirable.

Aujourd'hui, c'est avec une grande satisfaction que je vois des relations commerciales fructueuses sur le point de s'établir entre le Yûn-nân et l'empire d'Annam, dont une partie appartient à la France.

J'ai appris que des difficultés s'étaient élevées entre le sieur Dupuis, Français au service de Votre Excellence, et le gouvernement annamite, et je vais immédiatement travailler à les aplanir.

Il est inutile que Votre Excellence se préoccupe d'une question qu'il est de mon devoir de résoudre, ni qu'elle envoie des troupes pour soutenir le sieur Dupuis. J'envoie au Tong-kin le même officier Ngan (Garnier), pour faire rendre justice à vos envoyés et en même temps pour rechercher les moyens d'établir sur le pied le plus équitable un commerce qui doit être si avantageux aux peuples dont le gouvernement nous est confié.

Je prie Votre Excellence d'avoir égard à ce que lui communiquera cet officier. Je la prie de m'informer de tous ses désirs. Je suis prêt à m'entendre avec elle, tant pour les choses de commerce que pour les choses de guerre, si des gens pervers suscitaient encore dans le Yûn-nân de nouvelles rébellions.

Que Votre Excellence agrée l'assurance de ma haute considération.

Signé : Contre-amiral J. DUPRÉ.

COCHINCHINE FRANÇAISE

CABINET
DU GOUVERNEUR
Commandant en chef

N° 531

Saïgon, le 1er septembre 1873.

A SON EXCELLENCE LE VICE-ROI DES DEUX KOUANG, ETC., ETC...

C'est avec une vive satisfaction et une profonde reconnaissance que j'ai appris les dispositions amicales de Votre Excellence pour un sujet français, le sieur Dupuis, qui est au service du gouvernement du Yûn-nân. Mon devoir est de remercier Votre Excellence pour la généreuse protection qu'elle lui a accordée et en même temps pour l'aide que les soldats du Kouang-si ont donné à un pays ami et voisin, l'Annam, pour la répression des rebelles. Les intérêts de la France sont, en effet, intimement liés à ceux de l'Annam, et qui tend la main à l'un mérite la reconnaissance de l'autre.

J'ai accueilli aussi avec une grande joie qu'un Français avait trouvé une route avantageuse pour pénétrer dans le Yûn-nân et avait créé ainsi de nouvelles relations d'amitié et de commerce entre la France et l'Empire du Ciel; mais il n'est pas juste que je laisse à Votre Excellence tout le fardeau de la protection des intérêts du commerce dans une région, le Tong-kïn, aussi voisine de Saïgon. L'amitié se prouve par des services réciproques, et à une main tendue une autre main doit répondre. J'ai donc résolu de m'entendre avec la cour de Hué pour ramener la paix dans ses provinces et pour rétablir sur un pied satisfaisant les relations commerciales entre le Tong-kïn et le Yùn-nân. Dans ces conditions, comment la présence des soldats chinois dans l'Annam continuerait-elle à être nécessaire? Les routes sont longues et difficiles, le pays malsain, les dépenses pour entretenir les troupes considérables. Je lui offre donc de retirer ses troupes ainsi que celles qui pourraient encore venir du Yùn-nân, de leur épargner ainsi un exil pénible, un voyage fatigant et dangereux.

Je me fais fort, d'accord avec le gouvernement annamite, de protéger d'une façon efficace le commerce, les intérêts chinois, qui sont aussi les intérêts français.

De la sorte, il n'y aura pas de confusion possible, et une amitié sincère continuera à régner entre les deux royaumes.

Je recevrai avec reconnaissance toutes les communications que Votre Excellence pourrait avoir à me faire au sujet des réclamations ou des besoins des sujets chinois qui font le commerce en Annam, et je saisis avec empressement cette occasion de renouveler à Votre Excellence l'assurance de mon amitié et du bon souvenir que je garde de ma visite à Canton il y a trente mois.

Le contre-amiral gouverneur et commandant en chef.

Signé : Contre-amiral J. DUPRÉ.

LETTRE DE M. DE CHAPPEDELAINE, CONSUL A CANTON, A M. LE MINISTRE DES AFFAIRES ÉTRANGÈRES.

Canton, le 8 juillet 1873.

Monsieur le Ministre,

L'expédition de M. Dupuis au Tong-kïn et au Yûnnân est de retour à Hong-kong après avoir obtenu un succès complet. D'après les dernières nouvelles, le commandant Sénez avait laissé M. Dupuis avec ses deux steamers, sa jonque et sa chaloupe à vapeur, à l'entrée de la rivière Cua-Cam.

Après quelques tâtonnements, il est parvenu à trouver la passe de Tuan-Ouang qui l'a conduit dans la rivière, en chinois Hong-kiang, en annamite Song-koï. Il a pu remonter facilement jusqu'à Ké-cho, en annamite Ha-noï, capitale du Tong-kin.

Cette ville, d'une population de 150 à 200,000 habitants, est commandée par une citadelle construite du temps de Louis XVI par des officiers français comme toutes celles de la Cochinchine; c'est là qu'ont commencé les difficultés. M. Dupuis, ayant éprouvé des retards, a trouvé les eaux trop basses pour remonter jusqu'à Lâo-kaï comme il en avait le projet; il lui a fallu transborder le matériel de guerre qu'il portait au Yûn-nân sur des barques du pays.

Les mandarins annamites ont refusé de le laisser pénétrer plus avant sans un ordre de Hué. Cet ordre qui, avant le départ du *Bourayne* devait arriver dans quinze jours, ne pouvait plus être obtenu avant deux mois. Les mandarins, n'osant pas l'attaquer à force ouverte, quoiqu'il n'ait qu'une centaine d'hommes malais et chinois, dont 23 français, essayèrent d'abord de l'empêcher de se procurer des barques et ensuite de lui inspirer la terreur des rebelles au pouvoir desquels se trouve le territoire qu'il a à parcourir; mais M. Dupuis qui s'était ménagé des intelligences parmi eux, comme j'ai eu l'honneur de l'expliquer à Votre Excellence, de Shang-haï, a trouvé moyen de traverser sans coup férir la double rébellion qui désole le haut Song-koï et est arrivé sans encombres à Yûn-nân-fou, les mandarins annamites n'ayant réussi qu'à lui causer un retard de deux mois.

Les mandarins chinois du Yûn-nân, qui désespéraient de le voir arriver, l'ont reçu à bras ouverts; les armes perfectionnées qu'il apportait ont été expédiées vers l'Ouest pour achever la soumission des rebelles musulmans qui doit être en ce moment à peu près complète.

Les détails que M. Dupuis a obtenus sur la prise de Ta-li-fou sont navrants. C'est la trahison qui a livré aux Chinois cette place d'arme des musulmans.

Le *fou-taï* du Yûn-nân est parvenu à gagner les mandarins inférieurs en leur promettant de les conserver dans leurs grades. Ces derniers ont livré leur chef Tou-ouen-shio (d'après les Anglais, sultan Solyman), qui s'est empoisonné avec des feuilles d'or. Une porte a été livrée, la ville a été enlevée par surprise et les habitants au nombre de 20.000 ont été massacrés sans distinction d'âge ou de sexe.

Votre Excellence n'aura peut-être pas oublié les explications que je lui ai données dans mes rapports précédents sur la partie commerciale de cette affaire.

C'est avec le concours et l'argent des autorités du Yûn-nân que l'expédition de M. Dupuis a été faite. Les métaux, qui devaient être préparés pour l'arrivée de M. Dupuis à cause des retards qu'il a éprouvés, ont été envoyés par d'autres voies; de sorte que la partie mercantile de l'entreprise n'a pas été aussi fructueuse qu'il était en droit de l'espérer. Mais les résultats politiques et commerciaux de l'ouverture de la nouvelle route sont immenses.

Je ne saurais mieux faire pour en donner une idée à Votre Excellence que de lui citer ce qu'écrivait à ce sujet M. de Carné près des sources du Song-koï :

« On n'a peut-être pas oublié que le désir de relier les provinces occidentales de la Chine à notre établissement de la Cochinchine fut un des motifs de l'expédition du Mékong. Cette communication si ardemment désirée, par où devra s'écouler une partie des richesses de la Chine occidentale, c'est du Song-koï et non du Mékong qu'il faut l'attendre. C'est là une vérité désormais hors de doute et qu'imposerait certainement à tous les esprits l'exploration complète du fleuve du Tong-kïn.

« Il s'agit de rétablir le courant commercial qui existait autrefois entre les deux pays qui souffrent de l'interruption dû trafic. Un protectorat garanti par la résidence à Hué d'un représentant du gouverneur de la Cochinchine, on ne voit pas d'autre solution à l'impasse où nous acculerait une timidité sans excuse aussi bien que des scrupules par trop naïfs. Lorsqu'il s'agit de diriger vers une terre française les produits d'une vaste région qui comprend outre le Laos occidental quatre des plus riches provinces de la Chine, conviendrait-il de s'arrêter devant les susceptibilités d'un despote? »

Ce qui précède est plus que jamais vrai, quant aux conséquences commerciales de l'ouverture de la vallée du Song-koï. Mais la connaissance que nous venons d'acquérir de la géographie et de la politique du Tong-kïn doit nous conduire à une conclusion différente, en ce qui concerne les moyens d'exécution.

M. Dupuis est resté à Ha-noï et a envoyé à Hong-kong MM. Millot et d'Argence, qui sont après lui les chefs de l'expédition. Ces messieurs, qui sont en ce moment chez moi, à Canton, déclarent que le Tong-kïn ne demande qu'une occasion pour secouer le joug de Tu-duc.

Les mandarins annamites y sont abhorrés. Ce n'est pas 2.000 hommes et 4 avisos, comme le dit M. Sénez, mais un seul aviso, quelques-unes de ces petites canonnières qui sont désarmées à Saïgon, et un bataillon d'infanterie de marine, qu'il faut envoyer à l'embouchure du Song-koï pour faire du Tong-kïn une colonie française. Six mille catholiques, que Mgr Puginier se charge de trouver, dirigés par quelques instructeurs, suffiraient pour garder le pays contre les Annamites qui ne peuvent y pénétrer de Hué que par un seul passage de montagne, facile à défendre avec une poignée d'hommes.

Les deux rébellions ne seraient pas un obstacle. Hoang-tsong-yn, qui commande celle du Sud, a offert sa soumission au vice-roi de Canton qui l'a refusée. Il est en ce moment en négociations avec les autorités du Yûn-nân par l'intermédiaire de M. Dupuis pour entrer dans cette province. Les troupes du Kouang-si, entrées au Tong-kïn pour le combattre, sont rentrées à la fin de mai.

Lieou-yun-fou, qui commande quelques centaines d'hommes mal armés à Lâo-kaï, serait facilement mis hors d'état de nuire par les autorités du Yûn-nân, qui comprennent toute l'importance de la nouvelle route commerciale et qui voient dans l'ouverture des nouvelles communications la richesse de leur pays, dont la population a été réduite de 15 à 5 millions par la rébellion musulmane.

Si, avec de si faibles ressources, il est possible d'assurer à la France une colonie de 15 millions d'habitants, dont 500.000 catholiques dévoués, ne mériterait-on pas le reproche de timidité, dont parle M. de Carné, si on s'obstine à ne rien faire?

Du reste, les circonstances vont probablement imposer l'intervention française.

La note sévère de l'amiral Dupré n'a produit qu'un second recensement des chrétiens et une recrudescence de mauvais traitements.

Si les menaces de l'amiral restent sans effet, un grand nombre de chrétiens et peut-être même des missionnaires seront exposés aux plus grands dangers.

Il ne s'agit point ici d'une expédition préparée à l'avance, mais d'un coup de main fait avec les seules ressources de la colonie et peut-être l'aide de la division navale, semblable à celui qui a donblé, il y a quelques années, le nombre de nos provinces de la basse Cochinchine.

Les raisons ne manquent pas pour motiver l'expédition; sans parler de nos anciens griefs, quoi de plus naturel que d'envoyer un navire de guerre et quelques hommes de débarquement pour prendre possession de la citadelle de Ha-noï comme garantie de la sincérité des négociations pendantes à Saïgon? Si les choses ne sont pas ce que M. Dupuis, ses amis et les évêques du Tong-kïn les représentent, l'occupation momentanée d'un point du littoral du Tong-kïn passera inaperçue.

Que peut-on craindre, d'ailleurs, d'un pays que vingt-trois Français et quelques Malais et Chinois viennent de traverser impunément?

Il suffirait d'un acquiescement tacite aux projets que pourra suggérer à l'amiral Dupré l'exposé des faits qui va lui être présenté.

Si M. Dupuis ne trouve aucun appui à Saïgon, comme il a mis dans cette affaire toute sa fortune, il est fort à craindre qu'à la dernière extrémité il ne s'adresse à des étrangers.

. . . .

. . . .

Signé : Comte de CHAPPEDELAINE.

TABLE DES MATIÈRES

INTRODUCTION

CHAPITRE I

CHAPITRE II

CHAPITRE III

CHAPITRE IV

CHAPITRE V

CHAPITRE VI

CHAPITRE VII

CHAPITRE VIII

CHAPITRE IX

CHAPITRE X

CHAPITRE XI

CHAPITRE XII

www.ingramcontent.com/pod-product-compliance
Ingram Content Group UK Ltd.
Pitfield, Milton Keynes, MK11 3LW, UK
UKHW012019240726
13965UKWH00002B/456

JOACHIM DU BELLAY

La Défense et Illustration de la Langue Française

Avec une Notice biographique et un Commentaire historique et critique

PAR

LÉON SÉCHÉ

PARIS
BIBLIOTHÈQUE INTERNATIONALE D'ÉDITION
E. SANSOT & Cie
53, RUE SAINT-ANDRÉ-DES-ARTS, 53

MCMV

à M. Romain Rolland
sympathique hommage
[illegible]

LA DÉFENSE & ILLUSTRATION

DE LA LANGUE FRANÇAISE